AUTORES:

JOSÉ MARÍA CAÑIZARES MÁRQUEZ
CARMEN CARBONERO CELIS

COLECCIÓN OPOSICIONES MAGISTERIO: EDUCACIÓN FÍSICA

PRINCIPIOS DE SISTEMÁTICA DEL EJERCICIO Y ELEMENTOS ESTRUCTURALES DEL MOVIMIENTO: SISTEMAS DE DESARROLLO DE LA ACTIVIDAD FÍSICA (ANALÍTICOS, NATURALES, RÍTMICOS...) (VOLUMEN 16)

WANCEULEN
EDITORIAL DEPORTIVA

COLECCIÓN OPOSICIONES MAGISTERIO: EDUCACIÓN FÍSICA

VOLUMEN 16.

PRINCIPIOS DE SISTEMÁTICA DEL EJERCICIO Y ELEMENTOS ESTRUCTURALES DEL MOVIMIENTO. SISTEMAS DE DESARROLLO DE LA ACTIVIDAD FÍSICA (ANALÍTICOS, NATURALES, RÍTMICOS...)

AUTORES

José Mª Cañizares Márquez

- Catedrático de Educación Física
- Tutor del Módulo del Practicum del Master de Secundaria
- Especialista en preparación de opositores
- Autor de numerosas obras sobre Educación y Preparación Física

Carmen Carbonero Celis

- D. E. A. en Instituciones Educativas
- Licenciada en Pedagogía
- Maestra de Primaria y Secundaria en centros de Educación Compensatoria
- Didacta presencial del Módulo de Pedagogía General en el CAP
- Profesora de Pedagogía Terapéutica en Centro Educación Primaria

Título: PRINCIPIOS DE SISTEMÁTICA DEL EJERCICIO Y ELEMENTOS ESTRUCTURALES DEL MOVIMIENTO. SISTEMAS DE DESARROLLO DE LA ACTIVIDAD FÍSICA (ANALÍTICOS, NATURALES, RÍTMICOS...)

Autores: José Mª Cañizares Márquez y Carmen Carbonero Celis
Editorial: WANCEULEN EDITORIAL DEPORTIVA, S.L.

C/ Cristo del Desamparo y Abandono, 56   41006 SEVILLA

Dirección web: www.wanceulen.com

I.S.B.N.: 978-84-9993-487-7

Dep. Legal:

© **Copyright:** WANCEULEN EDITORIAL DEPORTIVA, S.L.

Primera Edición: Año 2016

Impreso en España:

Reservados todos los derechos. Queda prohibido reproducir, almacenar en sistemas de recuperación de la información y transmitir parte alguna de esta publicación, cualquiera que sea el medio empleado (electrónico, mecánico, fotocopia, impresión, grabación, etc), sin el permiso de los titulares de los derechos de propiedad intelectual. Cualquier forma de reproducción, distribución, comunicación pública o transformación de esta obra solo puede ser realizada con la autorización de sus titulares, salvo excepción prevista por la ley. Diríjase a CEDRO (Centro Español de Derechos Reprográficos, www.cedro.org) si necesita fotocopiar o escanear algún fragmento de esta obra.

ÍNDICE

Presentación de la Colección.

Introducción

1. ASPECTOS COMUNES A TENER EN CUENTA EN EL EXAMEN ESCRITO.

    1.1. Criterios de corrección y evaluación que siguen los tribunales.
    1.2. Consejos sobre cómo estudiar los temas. Estrategias.
    1.3. Recomendaciones para la realización del examen escrito. Estrategias.
    1.4. Modelo estandarizado de presentación de examen escrito.
    1.5. Partes estándares a todos los temas.

2. PRINCIPIOS DE SISTEMÁTICA DEL EJERCICIO Y ELEMENTOS ESTRUCTURALES DEL MOVIMIENTO. SISTEMAS DE DESARROLLO DE LA ACTIVIDAD FÍSICA (ANALÍTICOS, NATURALES, RÍTMICOS...)

COLECCIÓN OPOSICIONES DE MAGISTERIO. ESPECIALIDAD DE EDUCACIÓN FÍSICA

PRESENTACIÓN DE LA COLECCIÓN

Los autores, con muchos años de experiencia en la preparación de oposiciones, hemos plasmado en esta Colección multitud de argumentos y detalles con la finalidad de que cada persona interesada en acceder a la función pública conozca minuciosamente todos los pormenores de la preparación.

La Colección está compuesta por una treintena de volúmenes, de los que veinticinco están dedicados a otros tantos capítulos del temario, y los cinco restantes a cómo hacer y exponer oralmente la programación didáctica y las UU. DD., así como a resolver el examen práctico escrito.

Los destinados a los temas llevan incorporados unos aspectos comunes previos sobre cómo hay que estudiarlos y consejos acerca de cómo realizar el ejercicio escrito.

Los aplicados al examen oral: defensa de la programación y exposición de las U.D.I., también llevan un capítulo referente a cómo es mejor hacer la expresión verbal, el mensaje expresivo, el esquema en la pizarra, etc.

Es decir, los autores no nos hemos ceñido a publicar un temario para las dos pruebas escritas (tema y casos prácticos) y las dos orales (programación y unidades). Hemos querido hacer partícipe de las técnicas que hemos seguido estos años y que tan buen resultado nos han dado, sobre todo a quienes sacaron plaza merced a su propio esfuerzo. No obstante, debemos destacar un aspecto capital: ratio del tribunal, es decir, ¿con cuántos opositores me tengo que "pelear" para conseguir la plaza?

Ya podemos ir perfectamente preparados, que si un tribunal tiene dos plazas para dar y hay diez opositores con un diez... la suerte de tener una décima más o menos en la fase de concurso nos dará o quitará la plaza.

Por otro lado, es conocido que desde hace año en España tenemos diecisiete "leyes de educación", es decir, una por autonomía, además de la que es común para todos y que, como las autonómicas, depende del partido político que gobierne en ese momento. No podemos obviar que la Educación y todo lo que le rodea -incluidos opositores- es un aspecto más de la política, si bien entendemos debería ser justo lo contrario. La formación de nuestros hijos no debe estar en función de unas siglas de unos partidos políticos, porque cuando uno consigue el poder, elimina por sistema lo hecho por el anterior, esté mejor o peor. Ejemplos, por desgracia, hay muchos desde la LOGSE/1990. Así pues, abogamos por un Pacto Educativo que incluya, lógicamente, a opositores y al Sistema de Acceso a la Docencia.

Esto trae consigo que, forzosamente, debamos basarnos en una línea de elementos legislativos. En nuestro caso, además de la nacional, nos remitimos a la de Andalucía. Por ello, las personas opositoras que nos lean deberán adecuar las citas legislativas autonómicas que hagamos a las de la comunidad/es donde acuda a presentarse a las oposiciones docentes.

Para cualquier información corta, los autores estamos a disposición de las personas lectoras en:

oposicionedfisica@gmail.com

INTRODUCCIÓN

Este volumen tiene dos partes claramente diferenciadas:

a) Por un lado tratamos diversos aspectos comunes a todos los temas escritos. Es decir, nos centramos en cómo hay que estudiarlos a partir de los propios criterios de valoración del examen que indica la Consejería de Educación de la Junta de Andalucía, y que suelen ser similares a los de otras autonomías. También incluimos los criterios de otras comunidades, pero no de todas porque se nos haría interminable.

Esta parte también incluye una serie de consejos acerca de cómo estudiar los temas, cuestión que no es baladí porque el opositor está muy limitado por el tiempo disponible para realizarlo.

Esto nos lleva a siguiente punto, el "perfil" de cada opositor, su capacidad grafomotriz muy a tener en cuenta para que en el tiempo dado seamos capaces de tratar el tema elegido con una estructura adecuada a los criterios de evaluación que el tribunal va a usar en la corrección.

Es muy corriente el comentario de "mientras más sepas, más nota sacas y más posibilidades de obtener plaza tienes". Esto trae consigo, en muchas ocasiones, que el opositor se encuentre con "montañas de papeles" sin estructurar, sin saber si un documento reitera lo de otro, sin dominar la capacidad de síntesis ante tanto volumen de definiciones, clasificaciones, teorías, opiniones, etc.

La realidad es muy distinta. El opositor debe llevar preparado al menos veinticuatro documentos (para tener el 100% de que le va a salir en el sorteo un tema estudiado concienzudamente), con la información muy exacta de lo que le da tiempo a escribir correctamente desde todos los puntos: científico, legislativo, autores, estructura del propio examen, sintaxis, ortografía, etc.

Muchas veces nos han preguntado por el conocimiento de los tribunales, si están al día, etc. Nuestra respuesta ha sido siempre la misma: "sabrán más o menos de cada uno de los veinticinco temas, lo leerán con más o menos detenimiento, pero seguro que lo que más saben es corregir escritos porque lo hacen a diario en sus aulas, de ahí que debamos prestar la máxima atención a estos aspectos formales". Para ello añadimos al final una hoja-tipo.

Completamos este primer capítulo con una tabla de planificación semanal que debemos hacer desde un principio para "obligarnos" y seguirla con disciplina espartana, si de verdad queremos tener éxito.

b) Por otro, el Tema 16 totalmente actualizado a fecha de hoy. La persona opositora debe, una vez conozca el volumen de contenidos que es capaz de escribir, hacer un resumen equitativo de cada punto y "cuadrarlo" a su capacidad grafomotriz. A partir de aquí, a estudiarlo… pero escribiéndolo ya que la nota nos la van a poner por lo que escribamos y cómo expresemos esos contenidos. Pero, si en la comunidad donde nos examinemos, el escrito hay que leerlo al tribunal, de nuevo lo haremos, cuanto antes mejor, para ensayar la lectura y que determinadas palabras no se nos "atraganten".

CRITERIOS DE CORRECCIÓN Y EVALUACIÓN QUE SIGUEN LOS TRIBUNALES

Consideramos imprescindible saber **previamente** cómo nos va a evaluar el Tribunal para realizar el examen con respecto a los ítem que va a tener en cuenta. Aportamos varios **modelos** que han transcendido y que, básicamente, se diferencian en la **formulación** de las consideraciones y en su valoración, no en el **fondo**.

CRITERIOS DE EVALUACIÓN EN ANDALUCÍA.

La Consejería de Educación de la Junta de Andalucía informa a los sindicatos, en mayo de 2007, sobre un "borrador" de criterios de evaluación para el "Concurso Oposición al Cuerpo de Maestros 2007". Posteriormente, como pudimos comprobar esa convocatoria y las siguientes, estos criterios se hicieron "firmes".

Transcribimos literalmente los cinco puntos a considerar sobre el tema escrito:

CRITERIOS GENERALES TEMA ESCRITO

Estructura del tema.

a) Presenta un índice.
b) Justifica la importancia del tema.
c) Hace una introducción del mismo.
d) Expone sus repercusiones en el currículum y en el sistema educativo.
e) Elabora una conclusión acorde con el planteamiento del tema.

Contenidos específicos.

a) Adapta los contenidos al tema.
b) Secuencia de manera lógica y clara sus apartados.
c) Argumenta los contenidos.
d) Profundiza en los mismos.
e) Hace referencia al contexto escolar.

Expresión.

a) Muestra fluidez en la redacción.
b) Hace un uso correcto del lenguaje, con una buena construcción semántica.
c) Emplea de forma adecuada el lenguaje técnico.

Presentación.

a) Presenta el escrito con limpieza y claridad.
b) Utiliza un formato adecuado teniendo en cuenta el apartado 4 del artículo 7.4.1. de la Orden de 24 de marzo de 2007, BOJA nº 60 del 26/03/2007.
Nota: Se refiere a aspectos formales tales como no firmar el examen, entregarlo en un sobre con etiquetas, etc.

Bibliografía/Documentación.

a) Fundamenta los contenidos con autores o bibliografía.
b) Sitúa el tema en el marco legislativo pertinente.

La Consejería de Educación de la Junta de Andalucía informa a los sindicatos, en **junio de 2015**, sobre los criterios de evaluación para el "Concurso Oposición al Cuerpo de Maestros 2015". Transcribimos literalmente los cuatro puntos a considerar sobre el tema escrito:

CRITERIOS GENERALES A TENER EN CUENTA EN LA CORRECCIÓN DEL TEMA ESCRITO (JUNIO 2015).

1. Estructura del tema.

a) Secuencia de manera lógica y clara cada uno de los apartados del tema
b) Expone con claridad

2. Contenidos.

a) Argumenta y justifica científicamente los contenidos
b) Conoce y tarta con profundidad el tema
c) Realiza una transposición didáctica de la teoría expuesta a la práctica
d) Fundamenta los contenidos con autores y bibliografía que realmente hagan referencia al contenido en cuestión, así como a la normativa vigente

3. Expresión.

a) Redacta con fluidez
b) Usa correctamente el lenguaje y presenta una adecuada construcción sintáctica
c) Usa con propiedad el lenguaje técnico específico de la especialidad
d) No se aprecian divagaciones, reiteraciones, etc.

4. Presentación.

a) El ejercicio es legible: no hay que estar deduciendo qué quiere decir ni traduciendo el texto
b) Se observa limpieza y claridad en el ejercicio
c) Usa un formato adecuado

CRITERIOS GENERALES A TENER EN CUENTA EN LA CORRECCIÓN DEL TEMA ESCRITO
(Comunidad de Castilla-La Mancha)

Los criterios de evaluación del tema escrito (Comunidad de Castilla-La Mancha), que tuvieron los tribunales en cuenta en la convocatoria de 2007 y que fueron establecidos por la Comisión de Selección de la Especialidad de Educación Física, son:

CRITERIOS PARA EVALUAR EL TEMA ESCRITO. PARTE "A"	Puntuación
1.- Introducción, justificación, índice y mapa conceptual.	(MÁXIMO 1,5 puntos)
2.- Contenidos específicos	
2.1.-Trata todos los epígrafes del tema. 2.2.- Adecuación de los contenidos al tema. Los contenidos se ajustan al tema. 2.3.- Profundización de los mismos. 2.4.- Organización lógica y clara en cada punto. Atendiendo al índice. 2.5.- Argumentación de los contenidos. 2.6.- Referencia al contexto escolar. 2.7.-Relaciona con otros temas del currículum. 2.8.- Originalidad y creatividad en el tema.	(MÁXIMO 6,5 puntos)
3.-Bibliografía	
3.1.- Bibliografía específica del tema. Cita autores y hace referencias bibliográficas. 3.2.- Aspectos legislativos. Hace referencia a la legislación nacional y autonómica.	(MÁXIMO 0,75 puntos)
4.- Conclusión y valoración personal	(MÁXIMO 0,75 puntos)
5.- Aspectos formales. Presentación, estructura, organización, uso de vocabulario técnico.	(MÁXIMO 0,5 puntos)
6.- Errores	
a. Divagaciones b. Faltas de ortografía c. Errores garrafales	SE VALORARÁ NEGATIVAMENTE POR PARTE DEL TRIBUNAL
Total	10 Puntos.

OTROS CRITERIOS GENERALES A TENER EN CUENTA EN LA CORRECCIÓN DEL TEMA ESCRITO

Otros tribunales siguieron unos criterios de evaluación del examen escrito como los que ahora reflejamos:

		CRITERIOS PARA EVALUAR EL TEMA ESCRITO	
1		Introducción, índice y mapa conceptual	Máximo 1 punto
2		Nivel de contenidos	Máximo 5 puntos
	2.1.	Trata todos los epígrafes del tema	
	2.2.	Los contenidos se ajustan al temario	
	2.3.	Relaciona con otros temas del curriculum	
	2.4.	Hace referencia a la legislación nacional y autonómica	
	2.5.	Cita autores y/o referencias bibliográficas	
3		Aspectos formales: presentación, estructura, organización, vocabulario y ortografía	Máximo 3 puntos
4		Conclusión, valoración personal y bibliografía	Máximo 1 punto

Esta tabla tuvo su origen en la Convocatoria de Castilla La Mancha hace unos años. Sus criterios siguen vigentes.

Cuadro resumen de los Criterios de Evaluación	Temas A

1.- Contenidos específicos
   a. Adecuación de los contenidos al tema.
   b. Profundización de los mismos.
   c. Organización lógica y clara en cada punto (Índice).
   d. Argumentación de los contenidos.
   e. Referencia al contexto escolar.
   f. Originalidad y creatividad en el tema.
	2,75 puntos

2.- Introducción y conclusión
   a. Justificación de la importancia del tema.
   b. Repercusiones en nuestra área y en el Sistema Educativo.
   c. Buena introducción del tema.
   d. Conclusión.
	0,5 puntos

3.- Expresión
   a. Fluidez del discurso.
   b. Buena redacción, sin errores sintácticos, redundancias...
   c. Uso del lenguaje técnico.
	1 puntos

4.- Presentación
   a. Limpieza y claridad.
   b. Formato con variedad de recursos (gráficos, sangrías, diferenciación entre títulos, subtítulos, contenidos, esquema, etc.)
	0,5 puntos

5.-Bibliografía
   a. Bibliografía específica del tema.
   b. Aspectos legislativos.
	0,25 puntos

Penalizaciones
   a. Divagaciones
   b. Faltas de ortografía
   c. Errores garrafales
	A restar según criterio del propio tribunal

Totales	5 Ptos.

En **2013**, la Convocatoria de Primaria en **Castilla-La Mancha** incluían estos **criterios**:

PARTE 1B *DESARROLLO DE UN TEMA DE LA ESPECIALIDAD*	PESO ESPECÍFICO
1. Estructurar el tema de forma coherente, secuenciada, justificada y equitativa con todos los apartados.	25%
2. En relación a los contenidos desarrollados, responder al tema planteado, adaptándose al currículum, con aportaciones teórico-prácticas, siendo funcional para la práctica docente.	40%
3. Ser original y creativo en el desarrollo del tema, estableciendo conexiones con otros contenidos del currículum, con aportaciones personales fundamentadas que revelan la creación propia e inédita del mismo.	15%
4. El tema será afín a unas bases teóricas, a una fundamentación científica de la que parte el currículum, al tiempo que aporta ideas nuevas.	5%
5. Mostrar una lectura fluida y comprensible, con una actitud transmisora y un desarrollo expositivo que se ciñan al tema.	15%

En la Convocatoria de **Secundaria** de **Andalucía** de **2016**, los criterios o "indicadores" a tener en cuenta por los tribunales para el examen escrito, son:

INDICADORES

- ESTRUCTURA DEL TEMA:

- Índice (adecuado al título del tema y bien estructurado y secuenciado).
- Introducción (justificación e importancia del tema).
- Desarrollo de todos los apartados recogidos en el título e índice.
- Conclusión (síntesis, donde se relacionan todos los apartados del tema).
- Bibliografía (cita fuentes diversas, actualizadas y fidedignas).

- EXPRESIÓN Y PRESENTACIÓN:

- Fluidez en redacción, adecuada expresión escrita: ortografía y gramática.
- Riqueza y corrección léxica y gramatical (IDIOMAS).
- Limpieza y claridad.

- CONTENIDOS ESPECÍFICOS DEL TEMA:

- Nivel de profundización y actualización de los contenidos.
- Valoración o juicio crítico y fundamentado de los contenidos.
- Ilustra los contenidos con ejemplos, esquemas, gráficos…
- Secuencia lógica y ordenada.
- Uso correcto y actualizado del lenguaje técnico.

CONSEJOS SOBRE CÓMO ESTUDIAR LOS TEMAS. ESTRATEGIAS.

Exponemos una serie de consejos que solemos dar a nuestros opositores:

- Cada uno tiene un "método" que ha experimentado durante su vida de estudiante, sobre todo a nivel universitario, de ahí que nuestra influencia sea relativa. No obstante, muchos nos reconocen que *"nunca hemos estudiado en profundidad hasta comenzar a prepararnos las oposiciones"*.

- Reconocemos que hay **múltiples** formas de estudio. Hemos tenido opositores que necesitaban estar tumbados, otros sentados y en total silencio, otros tenían que tener forzosamente una tenue música de fondo, etc. Es decir, existen muchas maneras con más o menos **dependencia/independencia** de **campo**.

- Unos precisan **luz** natural, otros luz blanca o azul, con flexo cercano o con la de la lámpara del techo...

- Hay quien prefiere estudiar a base de **resúmenes** hechos en un procesador de textos y otros, en cambio, tenían que estar a mano.

- Muchos prefieren **grabar** verbalmente los contenidos para reproducirlos cuando viaja, corre, nada o anda y así aprovechar estos "tiempos muertos".

- Otros requieren **gráficos** y mapas conceptuales. Incluso, hemos tenido los que preferían hacer un póster-esquema y colgarlo a la pared para leerlo de pie...

- Otro grupo lo conforman aquellos que prefieren subrayar o señalar los puntos clave con rotulador marcador tipo fluorescente, otros a lápiz... Eso sí, lo señalado debe tener encadenamiento o cohesión interna para verterlo, ya redactado, en el examen, de ahí que **debamos estudiar escribiendo**, porque el examen escrito trata de ello.

- Debemos usar bolígrafos de gel por ser más rápidos en su trazo y papel tamaño A4, que es el que nos van a proporcionar el día del examen. Ojo a los tipos de **bolígrafos permitidos** por los tribunales, debemos estar muy atentos a lo que nos dicen el día de la **presentación**. Independientemente de ello, debemos acostumbrarnos a poner el folio directamente sobre la superficie dura de la mesa, ya que así la velocidad de escritura es superior que si lo situamos encima de otros folios porque éstos hacen que el espacio de apoyo nos frene por ser más blando. Un **reloj** para controlarnos los tiempos es imprescindible también.

- En cualquier caso, no sería bueno estudiar más de dos horas seguidas, sobre todo si estamos sentados. Ello, normalmente, acarrea contracturas dorso-lumbares, en los miembros inferiores, etc. con el consiguiente dolor y molestia. Lo mismo podemos decir a nivel de nuestra visión.

- Realizar **actividad física o deportiva** varias veces a la semana es muy aconsejable por simple razón de compensación y revitalización personal.

- Es bueno, pues, cada dos horas aproximadamente, hacer un **alto horario** de 8-10 minutos para despejarnos mentalmente y estirarnos físicamente. Beber **agua** y la ingesta de **fruta** suele ser positivo. Esto es extensible al día del examen de la oposición.

- No obstante, si la convocatoria nos dice que el escrito durará más de este tiempo, debemos paulatinamente aumentar las dos horas hasta llegar al **tope** marcado.

- Siempre recomendamos realizar una **planificación** semanal personalizada, que regule nuestro **tiempo** destinado al estudio (avance y repaso de los temas del escrito, casos prácticos, exposición oral), al trabajo, deporte, ocio, obligaciones familiares, etc. Ver tabla/ejemplo en la página siguiente.

- **¿Cuánto tiempo dedicar al estudio?** No podemos dar "recetas" pues depende del nivel previo de cada opositor. Hay quien trae excelentes aprendizajes previos de la carrera y hay quien ese nivel lo trae demasiado básico. Otros ya tienen experiencias en oposiciones, etc. Así pues cada uno debe auto regularse en función de sus capacidades y sus circunstancias personales. Genéricamente podemos indicar que, al menos, 4-6 horas/día divididas por un descanso de 10-15 minutos puede ser un estándar adecuado. A partir de ahí, personalizar en función del avance o no obtenido.

- Siempre debemos tener un "**molde personal**" en función de la capacidad grafomotriz, habida cuenta el **ahorro** de tiempo y energía que nos supone seguir esta estrategia.

- De cualquier forma, debemos respetar el dicho popular "*lo que no se recuerda, no se sabe*", de ahí **memorizar comprensivamente** lo más significativo.

- La **memoria**, al igual que ocurre con la condición física, se mejora ejercitándola con frecuencia.

- Tan importante es memorizar un tema nuevo como no olvidar los ya aprendidos, por lo que es necesario **consolidar**, repasando, lo estudiado. Comprobar que dominamos temas anteriores mejora nuestra capacidad de auto concepto.

- De ahí la importancia de estudiar teniendo delante nuestro **resumen personalizado** y olvidarnos de aumentar los contenidos del tema porque, además de crearnos inquietudes, posiblemente no podamos reflejar todo lo que sabemos en el tiempo que tenemos de examen.

Mostramos en el siguiente **gráfico** un claro y rápido ejemplo de cómo auto planificarse el estudio durante la semana a partir de tres **módulos** diarios:

EJEMPLO DE PLANIFICACIÓN SEMANAL-TIPO

Combinación de estudio-repaso-programación-UU.DD.-prácticos-trabajo profesional-descanso

LUNES	MARTES	MIÉRCOLES	JUEVES	VIERNES	SÁBADO	DOMINGO
MAÑANA	MAÑANA	MAÑANA	MAÑANA	MAÑANA	MAÑANA	MAÑANA
TRABAJO	Estudio tema nuevo semana	TRABAJO	Repaso tema nuevo	TRABAJO	Casos Prácticos	Libre
TRABAJO	Estudio tema nuevo semana	TRABAJO	Programación	TRABAJO	Casos Prácticos	Libre
TARDE	TARDE	TARDE	TARDE	TARDE	TARDE	TARDE
Estudio tema nuevo semana	Programación	Repaso temas anteriores	UU. DD.-U.D.I.	Sesión de clase con preparador	Repaso temas anteriores	Repaso temas anteriores

RECOMENDACIONES PARA LA REALIZACIÓN DEL EXAMEN ESCRITO. ESTRATEGIAS.

NOTA: Muchos de los consejos que ahora damos, sobre todo los relacionados con la presentación, escritura, etc. son también aplicables a la realización por escrito de los casos prácticos, si los hubiera.

En las convocatorias anteriores se ha comprobado que la mayoría de aprobados en el examen escrito tenían **buena letra**, además de contenidos notables. Efectivamente, entre los criterios de evaluación que utilizan los tribunales hay algunos puntos destinados a la **presentación** que no podemos desechar. Incluso, si la Orden de la Convocatoria indica que el opositor deberá **leer** su propio **examen** ante el tribunal, éste suele comprobar posteriormente su estructura, sintaxis, ortografía, etc.

No llegar a tiempo a los llamamientos supone la primera **precaución** a tomar. En ocasiones, las instalaciones donde se celebran las oposiciones se ven saturadas desde varios kilómetros antes de llegar. A ello hay que sumar el tiempo para aparcar, buscar el aula asignada, etc. **Llegar tarde** puede suponer la **no presentación** y la consiguiente **eliminación**.

Gracias a las observaciones hechas por los tribunales de años anteriores y por los criterios de evaluación que han transcendido, estamos en disposición de apuntar una serie de anotaciones a considerar por las personas opositoras durante su periodo de preparación con nosotros. Habitualmente los tribunales reservan parte de la nota total para los **aspectos "formales"** del examen, que ahora comentamos. Esto es de vital importancia porque dos opositores con igual cantidad y calidad de contenidos, sacará mejor nota quien mejor lo presente. Ante ello, reservar algunos minutos para poder **revisar** el examen antes de entregarlo, teniendo en cuenta lo siguiente:

- Nadie aprueba con **mala letra**. Igual decimos de la presentación y limpieza.
- Esto lo hacemos extensivo a las faltas de **ortografía**, acentuación, mala **sintaxis**, incorrecciones **semánticas**, **expresión** y **redacción**, **vulgarismos**, **repetir la misma palabra** continuadamente, **tachones**, suciedad, etc. No podemos "escribir igual que hablamos". También, no poner el número del tema elegido o su título. Otro error habitual es el mal uso de los puntos, bien seguido, bien aparte.
- Debemos escribir por **una carilla** -al menos que el tribunal indique otra cosa- con letra más bien grande para facilitar su lectura. No poner detalles como "no recuerdo..."; "creo que..."; "no me da tiempo..."; "me parece que es...".
- La **media** de **folios** (carillas o páginas) que suelen hacer nuestros preparados están entre **14 y 16**, con **17-22 renglones** cada una (20 lo habitual) y **9 palabras/renglón**, teniendo en consideración unos **márgenes laterales** y **superior e inferior** de 2 a 2'5 centímetros. No obstante, conforme avanza la preparación y la habilidad para escribir este tipo de examen, hay quien aumenta el volumen de páginas de manera significativa, pero siempre manteniendo y respetando los criterios de evaluación que suelen tener los tribunales: letra, limpieza, construcción semántica, ortografía, etc. Si preferimos escribirlo en un procesador de textos, como puede ser "Word", el número de palabras suele estar alrededor de las 2400-2700, aproximadamente.
- Los **renglones** deben ser **paralelos** y siempre con el mismo **interlineado**. En caso de tener problemas para hacerlo, podemos llevarnos una **plantilla** ya hecha, como una hoja tamaño folio de cuaderno de rayas, o bien hacerla allí

mismo con lápiz y regla. Si tampoco pudiese ser (a veces los tribunales han hecho especial hincapié en "no entrar con plantilla, regla, etc."), nos esmeraríamos en la realización de la primera página, aunque tardásemos más tiempo, y ésta nos serviría como "falsilla" o planilla de renglones. Otro "**truco**" es hacerla a partir del **DNI** al que previamente le hemos hecho unas señales minúsculas con la anchura que deseamos. Éste nos sustituiría a la regla.

- No se puede ser "loco o loca" escribiendo. Para ello es importante el **entrenamiento** durante el periodo de preparación. De ahí surge la **automatización** de todos estos aspectos, además del sangrado, márgenes, etc. No poner abreviaturas.
- Por otro lado debemos **numerar** las hojas, incluso algunos lo hacen poniendo "1 de 15; 2 de 15…".
- La utilización de **dos colores** de tinta **no** suele estar **permitido**, como tampoco subrayados para señalizar los títulos, epígrafes, ideas fundamentales, etc., al menos que el tribunal exprese lo contrario. En todo caso, **preguntar** al tribunal antes de empezar si es posible su uso, así como de tippex. También si se pueden poner gráficos, flechas, tablas, etc., si el tribunal lo permite, pero la Orden de la Convocatoria suele prohibirlo por considerarlo posible "**señal**". Un **bolígrafo** tipo **gel** y apoyarnos sobre un **superficie dura** para que éste se deslice mejor, nos permite mayor velocidad de escritura manteniendo su calidad. Quienes suelen hacer tachaduras, previendo que no les dejen usar tippex, pueden optar por un **bolígrafo borrable por fricción** (marca Pilot o similar) que elimina cualquier rastro de su propia tinta. No obstante, determinados "bolígrafos rápidos" que se basan en tinta tipo gel, suelen ser peor para opositores **zurdos**, por razones obvias. Recordamos la necesidad de seguir exactamente las **instrucciones** que nos dé el tribunal al respecto, habida cuenta tenemos experiencias sobre la **anulación** de exámenes por el uso de este tipo de herramienta de escritura.
- No olvidemos que la mayoría de los títulos de los temas tienen tres puntos, por lo que debemos **dividir** la totalidad de materia que escribamos en tres partes similares. De esa forma, evitamos exponer mucho contenido de una parte en perjuicio de otra. Así pues, normalmente haremos tres puntos con varios sub-puntos cada uno buscando la conexión entre los mismos. Además, pondremos el **índice** al principio, tras el título, **introducción, conclusiones, bibliografía** -que incluye la legislación- y webgrafía. En **resumen**, queda muy bien, limpio y "amplio", la estructuración del examen de esta manera:

    - **Título** del Tema. 1ª página. Mayúsculas y en una única página.
    - **Índice**. 2ª página. En una sola página.
    - **Introducción**. 3ª y 4ª página. Debe tener cierta peculiaridad con objeto de atraer la curiosidad del corrector. Nombrar los descriptores del título y en cada uno dar una o dos referencias del mismo. Podemos "presentarlo" a través de su importancia en el currículo y citar sus referencias legislativas. Usar, preferentemente, dos páginas.
    - **Apartados o descriptores** y los sub-apartados. 5ª página. Es el eje alrededor del cual gira la nota relativa a los contenidos. Incluye definiciones, clasificaciones, teorías, líneas metodológicas, referencias curriculares, aplicaciones prácticas, actividades, etc., todo ello citando a autores y normativa que luego quedarán reflejados en la bibliografía, pero con una redacción técnica. En cualquier caso debemos marcar claramente cuándo finalizamos el primer punto y comenzamos el siguiente. Si somos "olvidadizos", podemos dejar un interlineado relativamente amplio por si nos acordamos después de algún detalle olvidado y deseamos incorporarlo sin tachones.

- **Conclusiones**. Lo más notable que hemos tratado, los puntos clave. Al ser lo último que el corrector lee, deben estar muy cuidadas porque puede influir decisivamente en la nota.
- **Bibliografía**. Reseñar algún libro "comodín" y de los autores nombrados anteriormente. También la legislación significada.
- **Webgrafía**. Alguna general, como revistas digitales, o específica.

En cualquier caso, es **imprescindible** conocer los **criterios de evaluación** que van a seguir los tribunales, máxime si son públicos, como viene ocurriendo en varias comunidades autónomas, y en Andalucía de forma más concreta, tal y como hemos citado en el capítulos anteriores. Debemos, pues, hacer caso de ellos y citar o desarrollar todos los **aspectos** que los criterios mencionan.

Precisamente, el tiempo no lo podemos "regalar" ni despreciar, por lo que si terminamos el examen y aún quedan cinco o diez minutos, debemos **repasar** lo escrito por si se nos ha olvidado algo relevante o no hemos puesto la debida atención a las faltas gramaticales, sesgos sexistas, escritura con "códigos SMS", etc. Así pues, debemos agotar el tiempo subsanando cualquier error.

Si la preparación ha sido buena, nada más hacerse el sorteo de los temas, debemos decidirnos por uno. Inmediatamente nos concentramos y empezamos a desarrollarlo, porque debemos ya tener "**automatizada**" su escritura. Si empezamos a dudar, comenzamos a perder el escaso tiempo que nos dan.

En caso de haber estudiado con "**esquemas**", lo mejor sería hacernos uno en sucio para usarlo como guía en la redacción del examen. Este folio nos sirve también para tomar notas, para ir estructurando el tema, etc. Pero, repetimos, la escritura del tema debemos tenerla automatizada porque si no perdemos el tiempo. Esta hoja la destruiríamos al terminar.

Si hemos preparado una introducción, conclusiones, bibliografía y webgrafía "estándar", podemos irlas escribiendo en el llamado "**tiempo perdido**" que suele haber desde que nos dan los folios hasta que sortean los números de los temas. Después podemos añadir los rasgos específicos del tema ya elegido.

Nuestros preparados suelen preguntarnos por la expresión a usar. Aconsejamos el "**plural mayestático**" (*nosotros, ahora vemos, podemos seguir, observamos*, etc.)

Otro aspecto importante es la **elección** del tema de entre los sorteados. Debemos hacer el que dominemos mejor, el que ya lo hayamos escrito muchas veces durante la preparación, el que nos garantice escribir más folios, en suma, el que nos dé más seguridad.

No olvidar llevarse **agua** y alguna pieza de **fruta**. Normalmente a finales de junio suele hacer mucho **calor** y la sensación de éste aumenta con la tensión del examen.

Ahora adjuntamos una **hoja con un resumen** de los **aspectos formales** del examen escrito del tema, aunque aplicable también a la redacción de los **casos prácticos**.

JOSÉ MARÍA CAÑIZARES MÁRQUEZ Y CARMEN CARBONERO CELIS

MODELO ESTÁNDAR DE PRESENTACIÓN PARA PRUEBA ESCRITA

2.- COORDINACIÓN Y EQUILIBRIO EN LA INICIACIÓN AL FÚTBOL ESCOLAR

2.1. CONCEPTUALIZACIONES PRELIMINARES.

Desde un primer momento es adecuado tener en cuenta que cualquier movimiento, por mínimo que sea, requiere coordinación y equilibrio adecuados. Por ejemplo, abrir y cerrar una mano conlleva que una serie de grupos musculares realicen (agonistas) la acción y que otros se relajen (antagonistas) para que aquéllos puedan actuar, así como que otros grupos estabilicen (fijadores) los de la muñeca para que lo anterior pueda tener lugar (Téllez, 2014).

La coordinación nos permite hacer lo pensado, es decir, realizar la imagen mental que nos hemos hecho, el esquema motor. Está íntimamente ligada a las habilidades y destrezas básicas a través de su relación con la coordinación dinámico general y la coordinación óculo-segmentaria, respectivamente (Mateos y Garriga, 2015).

Precisamente, las edades porpias de la Primaria son las más críticas para el desarrollo de las capacidades coordinativas (Bugallal, 2011).

Si nos fijamos atentamente en un partido de fútbol podemos observar numerosas acciones diferentes y que, mal hechas, pueden producir lesiones, como dejinses:

a) Carreras
b) Saltos
c) Giros
d) Lanzamientos

Todos ellos con infinidad de VARIANTES. Para que todos esos gestos "salgan bien" ~~havrá~~ habrá sido necesario un director que regule todos los mov. Esta es la función del sistema nervioso.

- 20 -

PARTES ESTÁNDARES A TODOS LOS TEMAS.

Muchas de las personas que preparamos tienen **problemas** por la falta de tiempo o de, simplemente, por ser poco capaces de aprender **introducciones, conclusiones, bibliografías, legislación y webgrafía** de cada uno de los temas.

Uno de los **remedios** para no "castigar" la memoria es confeccionarse unos "**estándares**" o "**comunes**" que den servicio a estos apartados.

Si a ello le unimos la racionalidad en la confección del Índice, a partir de los tres o cuatro apartados o descriptores del título del tema, hemos ahorrado un esfuerzo a nuestra memoria.

Así pues, vamos a dar una serie de **consejos** para que cada persona lectora los elabore de una forma sencilla pero eficaz unos textos usuales, si bien deberíamos a continuación podríamos **complementarlos** con unos **rasgos específicos** del tema que, prácticamente, nos vienen dado por el **título** del tema que nos escribirá el tribunal en la pizarra de la sala de examen. Por ejemplo, si la Introducción la hacemos en dos páginas, los aspectos comunes pueden suponer entre el 60-75 %, es decir, página y un tercio de la siguiente. Si la Conclusión la hacemos en una única, las tres cuartas partes podemos dedicarla a los textos estandarizados y el resto a los concretos del tema escrito.

INTRODUCCIONES COMUNES A TODOS LOS TEMAS

Cuando hemos hablado con los componentes de los tribunales, habitualmente nos indican que suelen fijarse en el "detalle" de si el opositor ha puesto desde el principio o no **referencias** a la **legislación actual**, debido a que suelen entender que cualquier tema debe redactarse **a partir** de las leyes educativas, decretos y órdenes que las desarrollan. Así pues, debemos hacer mención, **respetando su jerarquía**, de:

- Ley Orgánica 8/2013, de 9 de diciembre, para la mejora de la calidad educativa (LOMCE). B.O.E. nº 295, de 10/12/2013.
- Ley Orgánica 2/2006, de 3 de mayo, de Educación (LOE). B.O.E. nº 106 del 04/06/2006. (Modificada por la LOMCE/2013).
- Ley 17/2007, de 10 de diciembre, de Educación en Andalucía. B.O.J.A. nº 252, de 26/12/2007.
- M. E. C. (2014). *Real Decreto 126/2014, de 28 de febrero, por el que se establece el currículo básico de la Educación Primaria.* B. O. E. nº 52, de 01/03/2014.
- M.E.C. (2015). *Orden ECD/65/2015, de 21 de enero, por la que se describen las relaciones entre las competencias, los contenidos y los criterios de evaluación de la educación primaria, la educación secundaria obligatoria y el bachillerato.* B.O.E. nº 25, de 29/01/2015.
- JUNTA DE ANDALUCÍA (2015). *Decreto 97/2015, de 3 de marzo, por el que se establece la ordenación y el currículo de la educación Primaria en la comunidad Autónoma de Andalucía.* BOJA nº 50 de 13/013/2015.
- JUNTA DE ANDALUCÍA (2015). *Orden de 17 de marzo de 2015, por la que se desarrolla el currículo correspondiente a la educación Primaria en Andalucía.* BOJA nº 60 de 27/03/2015.

No obstante, entendemos que sería un buen detalle **citar** también a las **Competencias Clave**, habida cuenta su importancia a partir de la publicación de la LOE/2006, actualizada por la LOMCE/2013.

Igualmente podemos hacer mención a la legislación correspondiente a la evaluación o a la relacionada con la atención a la **diversidad**, pero tanto texto no nos cabe, de ahí la necesidad de **sintetizar** la información que consideremos más representativa.

Otra línea es plasmar alguna "**frase hecha**", como *"enseñar Educación física con éxito supone diseñar una programación coherente con el contexto, disponer de un amplio abanico de estrategias didácticas, generar un clima de clase que invite al aprendizaje, utilizar adecuadamente los recursos materiales y tecnológicos e integrar la evaluación en el proceso de aprendizaje"* (Blázquez y otros, 2010).

Otro ejemplo puede ser: *"Uno de los fines genéricos que persigue la Educación Física escolar es el de favorecer la ubicación personal del alumno/a en la sociedad, en una cultura corporal donde la escuela proporcione al alumnado los medios apropiados para su acceso y, en consecuencia, conseguir los beneficios que de ella pueden conseguir: desarrollo personal; equilibrio psicofísico; mejorar la salud; disfrutar del tiempo de ocio; etc., así como el desarrollo de la autonomía personal ante las influencias que imponen los nuevos mitos sociales"*. *"El cuerpo y el movimiento como ejes básicos de nuestra acción educativa"*; *"el área de Educación Física se muestra sensible a los acelerados cambios que experimenta la sociedad..."*; *"la importancia de las relaciones interpersonales que se generan alrededor de la actividad física permiten incidir en la asunción de valores como el respeto, la aceptación, la cooperación..."*, procedentes de legislaciones pasadas, pero de plena actualidad por la temática expresada.

Posteriormente, en la Introducción debemos hacer referencias a la materia que trata el tema elegido, lo que antes hemos referenciado como "rasgos específicos". Esto nos resulta fácil con un poco de práctica, simplemente comentando una o dos líneas a partir del título del tema que el tribunal detalla en la pizarra. No obstante, el sentido de lo que expresemos debe ir encaminado a lo que "vamos a tratar en el desarrollo del tema..."

CONCLUSIONES COMUNES A TODOS LOS TEMAS

Si en las introducciones se basan en lo que "vamos a estudiar en el tema...", con las Conclusiones ocurre al contrario: "a lo largo del tema hemos visto (escrito, estudiado, tratado, etc.) la importancia de..." Para ello podemos **actuar** como antes, es decir, un par de **párrafos comunes** a todas las temáticas. Por ejemplo, "la trascendencia del conocimiento del propio cuerpo, vivenciándolo y disfrutándolo, además de respetarlo". Otra posibilidad es incluir un párrafo basándonos en algunos ejemplos de estos textos **estandarizados**:

"Todos los niños y niñas tienen el derecho a una educación de calidad que permita su desarrollo integro de sus posibilidades intelectuales, físicas, psicológicas, sociales y afectivas" (Decreto 328/2010). *"Entendemos la etapa de primaria como fundamental para el desarrollo de las capacidades motrices del alumnado y donde el docente debe observar las deficiencias de éstos para corregirlas lo más rápidamente posible"*.

En Andalucía, la O. 17/03/2015, indica que: *"la Educación Física es un área en la que se optimizan las capacidades y habilidades motrices sin olvidar el cuidado del cuerpo, salud y la utilización constructiva del ocio. En Educación física se producen relaciones de cooperación y colaboración, en las que el entorno puede ser estable o variable, para conseguir un objetivo o resolver una situación. La atención selectiva, la interpretación de las acciones de otras personas, la previsión y anticipación de las propias acciones teniendo en cuenta las estrategias colectivas, el respeto de las normas, la resolución de problemas, el trabajo en grupo, la necesidad de organizar y adaptar las respuestas a las variaciones del entorno, la posibilidad de conexión con otras áreas, el juego como herramienta primordial, la imaginación y creatividad"*.

Posteriormente plasmamos algunos rasgos de lo más característico que hemos escrito durante la redacción del tema escogido. Realmente se trata de que destaquemos lo más trascendental de cada uno de los apartados de los descriptores del título, pero con información nueva, expresando que "a lo largo del tema hemos visto la importancia de..." o "hemos indicado en la redacción del tema los conceptos, clasificaciones, didáctica de...".

BIBLIOGRAFÍA COMÚN A TODOS LOS TEMAS

Hay quien diferencia **bibliografía** de **legislación**. Nosotros, al estar ambos documentos en formato papel, lo **unificamos**.

Evidentemente cada tema tiene una serie de volúmenes principales o monográficos de apoyo, pero también está muy claro que hay una serie de **libros generales de didáctica** que vienen muy bien tenerlos en cuenta para ponerlos en la mayoría de los temas. Son las publicaciones que habitualmente se manejan en las facultades de Magisterio. Los tribunales suelen valorar más ediciones de los **últimos años**, aunque siempre habrá libros "clásicos", sobre todo las **monografías** de conocidos autores y que son muy **específicas** de los **temas**. Por ejemplo, Delgado Noguera en temas relacionados con la metodología y organización; Blázquez con evaluación y con la iniciación deportiva; Rigal en motricidad, etc.

Algunos ejemplos de bibliografía **común**, es decir, libros que prácticamente en su totalidad tratan **todas** las **materias** de los veinticinco temas, son:

ADAME, Z. y GUTIÉRREZ DELGADO, M. (2009). *Educación Física y su Didáctica. Manual de Programación*. Fondo Editorial de la Fundación San Pablo Andalucía CEU. Sevilla.

ARRÁEZ, J. M.; LÓPEZ, J. M.; ORTIZ, Mª M. y TORRES, J. (1995). *Aspectos básicos de la Educación Física en Primaria. Manual para el Maestro*. Wanceulen. Sevilla.

BLÁZQUEZ, D.; CAPLLONCH, M.; GONZÁLEZ, C.; LLEIXÁ, T.; (2010). *Didáctica de la Educación Física. Formación del profesorado*. Graó. Barcelona.

CAÑIZARES, J. Mª y CARBONERO, C. (2009). *Currículum de Educación Física en Primaria para Andalucía*. Wanceulen. Sevilla.

CAÑIZARES, J. Mª y CARBONERO, C. (2009). *Currículum de Educación Física en Primaria*. Wanceulen. Sevilla.

CHINCHILLA, J. L. y ZAGALAZ, M. L. (2002). *Didáctica de la Educación Física*. CCS. Madrid.

CONTRERAS, O. R. y GARCÍA, L. M. (2011). *Didáctica de la Educación Física. Enseñanza de los contenidos desde el constructivismo*. Síntesis. Madrid.

CONTRERAS, O. y CUEVAS, R. (2011). *Las Competencias Básicas desde la Educación Física*. INDE, Barcelona.

FERNÁNDEZ GARCÍA, E. -coord.- (2002). *Didáctica de la Educación Física en la Educación Primaria*. Síntesis. Madrid.

FERNÁNDEZ GARCÍA, E. -coord.- CECCHINI, J. A. y ZAGALAZ, Mª L. (2002). *Didáctica de la educación física en la educación primaria*. Síntesis. Madrid.

GALERA, A. D. (2001). *Manual de didáctica de la educación física. Una perspectiva constructivista moderada*. Vol. I y II. Paidós. Barcelona.

GIL MORALES, P. (2001). *Metodología didáctica de las actividades físicas y deportivas*. Fundación Vipren. Cádiz.

SÁENZ-LÓPEZ, P. (2002). *La Educación Física y su Didáctica*. Wanceulen. Sevilla.

SÁNCHEZ BAÑUELOS, F. (1996) *Bases para una Didáctica de la Educación Física y los Deportes*. Gymnos. Madrid.

SÁNCHEZ BAÑUELOS, F. y FERNÁNDEZ, E. -coords.- (2003). *Didáctica de la Educación Física para Primaria*. Prentice Hall.

SÁNCHEZ GARRIDO, D. y CÓRDOBA, E. (2010). *Manual docente para la autoformación en competencias básicas*. C.E.J.A. Málaga.

VICIANA, J. (2002). *Planificar en Educación Física*. INDE. Barcelona.

VILLADA, P. y VIZUETE, M. (2002). *Los Fundamentos teóricos-didácticos de la Educación Física*. Secretaría General Técnica del M. E. C. D. Madrid.

VV. AA. (2008). *Colección de manuales de atención al alumnado con necesidades específicas de apoyo educativo*. (10 volúmenes). C. E. J. A. Sevilla.

ZAGALAZ, Mª L.; CACHÓN, J.; LARA, A. (2014). *Fundamentos de la programación de Educación Física en Primaria*. Síntesis. Madrid.

Esta relación, o parte de ella, no debe aparecer en exclusiva. Antes que nada debemos recordar que es muy conveniente **reseñar autores y año** de publicación **durante** la **redacción** de los diversos apartados o descriptores. Esto, obviamente, nos obliga a incluirlos en la bibliografía "específica" de cada tema. Por ejemplo, en los temas relacionados con la psicomotricidad (7 – 9 – 10 – 11) recomendamos citar a:

RIGAL, R. (2006). *Educación motriz y educación psicomotriz en Preescolar y Primaria*. INDE. Barcelona.

SASSANO, M. (2015). *El cuerpo como origen del tiempo y del espacio. Enfoques desde la Psicomotricidad*. Miño y Dávila editores. Buenos Aires.

TAMARIT, A. (2016). *Desarrollo cognitivo y motor*. Síntesis. Madrid.

Hay una serie de **documentos legislativos** "obligatorios" porque, entre otras cosas, los hemos debido referir en el examen escrito. Además, debemos reseñar otros **específicos** de los temas. Por ejemplo, si tratamos la "evaluación", debemos anotar la

Orden de 4 de noviembre de 2015, por la que se establece la ordenación de la evaluación del proceso de aprendizaje del alumnado de educación Primaria en la Comunidad Autónoma de Andalucía.

La legislación general ya la hemos indicado en el apartado anterior sobre "Introducciones comunes", aunque referida a Andalucía. **Cada persona opositora debe adecuarla a la comunidad autónoma donde se presente.**

WEBGRAFÍA COMÚN A TODOS LOS TEMAS

Hoy día muchas de nuestras fuentes consultadas se encuentran en **Internet**, de ahí que debamos señalar algunas **webs fiables**. Nos inclinamos por revistas electrónicas de prestigio en la didáctica general y en la educación física en particular, así como a los portales de las propias **consejerías** de educación de la comunidades autónomas. Todas ofrecen recursos didácticos, experiencias... y legislación aplicada.

Algunos ejemplos, son:

http://www.agrega2.es
http://recursos.cnice.mec.es/edfisica/
http://www.ite.educacion.es/es/recursos
http://www.educarm.es/admin/recursosEducativos#nogo
www.juntadeandalucia.es/educacion/descargasrecursos/curriculo-primaria/index.html
http://www.gobiernodecanarias.org/educacion/webdgoie/
http://www.educarex.es/web/guest/apoyo-a-la-docencia
http://www.catedu.es/webcatedu/index.php/recursosdidacticos
http://www.adideandalucia.es

TEMA 16

PRINCIPIOS DE SISTEMÁTICA DEL EJERCICIO Y ELEMENTOS ESTRUCTURALES DEL MOVIMIENTO. SISTEMAS DE DESARROLLO DE LA ACTIVIDAD FÍSICA (ANALÍTICOS, NATURALES, RÍTMICOS...)

ÍNDICE

INTRODUCCIÓN

1. PRINCIPIOS DE SISTEMÁTICA DEL EJERCICIO FÍSICO Y ELEMENTOS ESTRUCTURALES DEL MOVIMIENTO.

    1.1. Concepto y definiciones.

    1.2. Clasificaciones. Criterios.

    1.3. Elementos estructurales del movimiento.

2. SISTEMAS DE DESARROLLO DE LA ACTIVIDAD FÍSICA: ANALÍTICOS, NATURALES, RÍTMICOS...

    2.1. SISTEMAS ANALÍTICOS.

        2.1.1. Gimnasia Sueca.

        2.1.2. Gimnasia Neo-Sueca.

    2.2. SISTEMAS NATURALES.

        2.2.1 Sistemas naturales más importantes.

    2.3. SISTEMAS RÍTMICOS.

        2.3.1. Evolución de los sistemas rítmicos.

    2.4. SISTEMAS MÁS ACTUALES.

    2.5. APLICACIÓN DIDÁCTICA DE LOS SISTEMAS DE DESARROLLO DE LA ACTIVIDAD FÍSICA.

CONCLUSIONES

BIBLIOGRAFÍA

WEBGRAFÍA

INTRODUCCIÓN

Este Tema consta de dos grandes bloques, que a su vez se dividen en otras. La primera trata de los aspectos que determinan la forma y la técnica de ejecución de la actividad física, incluyendo el proceso y el mecanismo que la posibilitan.

Hacer una **taxonomía del ejercicio** y de los sistemas de desarrollo de la actividad física podría llevarnos al análisis de toda la historia de la Educación Física. No olvidemos que el ejercicio físico ha estado ligado al género humano desde los tiempos más prehistóricos -a través de su carácter **utilitario**- hasta las concepciones más actuales, que están relacionadas con los ámbitos **educativo**, **recreativo**, **rendimiento** y de la **salud** y **calidad de vida**.

La segunda parte recoge las características de las corrientes gimnásticas tradicionales y las surgidas en las últimas décadas, comprobando su evolución, entendiendo que este es el sentido de los "**puntos suspensivos**" recogidos al final del título.

Así pues, se trata de un Tema muy **largo**, con muchos **autores** por lo que es preciso condensar todos los puntos. Lo mismo podemos decir de los sistemas, sobre todo de los más actuales.

1. PRINCIPIOS DE SISTEMÁTICA DEL EJERCICIO FÍSICO Y ELEMENTOS ESTRUCTURALES DEL MOVIMIENTO.

1.1. CONCEPTO Y DEFINICIONES.

Si seguimos a Martín Llaudes (1995), sistemática del ejercicio físico es la **ordenación y clasificación** de éste como punto de partida para su estudio y aplicación específica dentro de la Educación Física, describiendo sus principios e implicaciones más importantes.

Ejercicio físico es la manifestación **práctica** del movimiento en el campo de la actividad física. Todo esfuerzo corporal individual y colectivo se realiza a través del ejercicio físico, al igual que toda actividad deportiva. Constituye el estímulo para **desarrollar** y perfeccionar las **capacidades** motrices y físicas del individuo. Para que tenga provecho, debe ser **voluntario**, tener un **objetivo** y estar **sistematizado**.

Movimiento significa **cambio**, **variación** y **desplazamiento** del todo corporal o de sus partes. La energía para realizarlo proviene de la **fuerza muscular** que se produce en la **contracción** (Calderón y Palao, 2009).

Tradicionalmente los **Principios** del Ejercicio han sido:

- **P. de Unidad Funcional**. El organismo es una unidad indivisible. Cualquier lesión de una parte afecta a la totalidad.

- **P. de la Adaptación**. El organismo se acomoda progresivamente al esfuerzo que le supone la agresión del ejercicio físico. De ahí la importancia de ir poco a poco.

- **P. de la Intensidad**. La carga será según la edad, nivel, etc. de la persona.

1.2. CLASIFICACIONES. CRITERIOS.

Abordamos este amplísimo apartado desde varios puntos de vista o **criterios**, pero advirtiendo a quienes nos leen que no deberán ser muy profusos en su redacción, habida cuenta que el tiempo concedido para el examen escrito es relativamente escaso. Así pues, casi con los epígrafes se puede contestar:

- A) Punto de vista histórico. Carácter primario del ejercicio (Zagalaz (2001).
- B) El ejercicio como preparación sistemática de la persona: Escuelas y Movimientos (Blázquez, 2001).
- C) Clasificaciones clásicas. Varios criterios tradicionales.
- D) Clasificación "Integrada" (Agosti, 1963); (Mosston, 1968); (Hernández Vázquez, 1980); Fidelus y Kocjasz (1989).
- E) Tendencias en el siglo XXI (Cañizares y Carbonero, 2007)

A) Punto de vista histórico. Carácter primario del ejercicio (Zagalaz (2001).

Desde un **punto de vista histórico**, todas las civilizaciones y en todas las épocas se ha tendido a clasificar el ejercicio físico en función de su naturaleza (Zagalaz, 2001). En una tabla lo resumimos:

ÉPOCA	CONCEPTO Y TIPOS DE EJERCICIOS
Prehistoria	La lucha por la vida. Ejercicios para actividades de supervivencia (caza, recolección, traslado, etc.)
Antigüedad, Lejano y Extremo Oriente	Ejercicios con fines religiosos, terapéutico, guerrero
Grecia, Atenas, Esparta	Ciudadano integral. Deporte (JJ. OO.) Educativo. Guerrero
Roma	Conquista (guerrero). Circo, profesionalismo
Edad Media (Feudalismo)	Ejercicios realizados por caballeros para la preparación de torneos. Lucha por ideales: las Cruzadas.
Renacimiento: Humanismo, Filantropismo, Enciclopedismo	Ideales clásicos, vida natural. Ejercicio físico como agente educativo. Humanismo.

Hasta aquí, exceptuando la valoración helénica y renacentista, podemos hablar de una **interpretación** del ejercicio físico de **carácter primario**.

B) El ejercicio como preparación sistemática de la persona: Escuelas y Movimientos (Blázquez, 2001).

Ahora vamos a encontrar el ejercicio físico como parte de un **programa de preparación** del individuo, sin un fin tan directamente **utilitario** como en el anterior apartado.

A comienzos del **siglo XIX**, la aparición de las "**Escuelas**" marca con su sello característico la forma, técnica y clasificación del ejercicio físico. En el **siglo XX** aparecen los "**Movimientos**", como evolución de aquéllas. Resumimos los llamados periodos de Escuelas y Movimientos (Blázquez, 2001):

a) **Periodo de Escuelas**: (1800-1900).

ESCUELAS	TIPO EJERCICIOS
Sueca	Analítico. Carácter médico y rehabilitador. P. Ling.
Alemana	Pedagógico. "Patriótico". Guts Muts y F. L. Jahn.
Francesa	Escolar. Militar. Científico. F. Amorós.
Inglesa	Deportivo. T. Arnold.
Americana	Influencia emigrantes nórdicos y alemanes: higiene, educación, terapia y recreación. Deportivo. Por influencia inmigrantes ingleses: deportes tales como B. Cesto, Voleibol, Béisbol, etc. Karl Follen, Karl Beck y Binet.

b) **Periodo de Movimientos**: (1900-1939). Surgen como evolución de las Escuelas.

MOVIMIENTOS	CONCEPTO-TIPO DE EJERCICIOS	AUTORES
Norte (Escandinavia)	Rítmico. Acrobático. Balanceos.	N. Bukh; E. Björksten
Centro (Alemania)	Rítmico. Natural.	I. Duncan; J. Dalcroze
Oeste (Francia)	Natural. Científico.	G. Hèbert;
Deportivo (Inglaterra y Francia)	Deportivo. Reinstauración JJ.OO. (1896)	P. Coubertin

A partir de 1939 hay una **internacionalización** progresiva.

C) **Clasificaciones clásicas. Varios criterios tradicionales.**

Algunos intentos de sistematización los resumimos en las siguientes direcciones, que también se conocen como **clasificaciones clásicas**:

- Clasificación del ejercicio por su **proyección anatómica**. Pretende resaltar el interés por las partes del cuerpo. Predomina en los métodos de procedencia sueca por su excesiva preocupación postural.
- Clasificación del ejercicio por el **tipo de actividad**. Conceptos utilitarios como correr, saltar, trepar... Predomina en este tipo el "Método Natural" de Hébert.
- Clasificación del ejercicio por la **función o capacidad física** que desarrolla. Realizada fundamentalmente por el danés N. Buck, dentro de la llamada gimnasia neosueca. Por ejemplo, fuerza o flexibilidad.
- Clasificación del ejercicio por el **papel que desempeña en la sesión**. Manifiesta la finalidad que el ejercicio tiene en el transcurso de la clase tradicional. Por ejemplo, ejercicios para la vuelta a la calma.
- Clasificación del ejercicio en función de **las características mecánicas del mismo**. Flexión, extensión, rotación...

D) **Clasificación "Integrada" (Agosti, 1963); (Mosston, 1968); (Hernández Vázquez, 1980); Fidelus y Kocjasz (1989).**

Modernamente nos fijamos en el llamado "**Concepto Integrado del Ejercicio**". Tiene cuatro autores más significativos: Luís Agosti (España), Muska Mosston (EE.UU.), K. Fidelus (Polonia) y José Luís Hernández Vázquez (España).

- **Luís Agosti** (1963) clasifica los ejercicios atendiendo a:

- La **finalidad**, es decir según la función y miembro a que van dirigidos, así como el lugar que ocupan y papel que representan en la lección de gimnasia. Por ejemplo, ejercicios de orden: formaciones; ejercicios fundamentales de piernas: potencia, flexibilidad; ejercicios de equilibrio: en suelo o elevado; etc.
- Las **características mecánicas**, es decir, según las condiciones en que se realiza el movimiento en funciones del espacio y del tiempo. Por ejemplo, la mecánica elemental con palmadas o rebotes.

- **Muska Mosston** (1968), propone una clasificación del ejercicio desde una perspectiva **tridimensional**. Presenta un concepto integrado por **tres dimensiones** cuya representación es un **cubo**.
    - **Dimensión anatómica.** Se centra en la parte del cuerpo o región que debe desarrollarse con un movimiento determinado. Así clasifica los ejercicios del miembro superior, tronco, etc.
    - **Dimensión mecánica.** Se ocupa del tipo de movimiento que se emplea para desarrollar la capacidad deseada en alguna zona del cuerpo. **Simple**: flexión-extensión, abducción-aducción, etc.; **compleja**: correr, lanzar, etc.
    - **Dimensión de las capacidades físicas.** Se refiere a los efectos producidos por los ejercicios en el organismo y que, en función de las distintas taxonomías, reciben nombres como fuerza, flexibilidad, resistencia, etc.

- **J. L. Hernández** (1980). De este autor suele decirse que tiene la clasificación más "completa". Hace una clasificación del ejercicio en función de las características esenciales del mismo. La vemos a través de su propio cuadro-resumen.

CARACTERÍSTICAS	CRITERIOS		TIPOS DE EJERCICIOS
SEGÚN LA INTENCIÓN. Se refiere a los factores de ejecución o condición física y a la habilidad motriz o "ajuste"	ÁREA DE DESARROLLO	Factores de ejecución	Fuerza, Flexibilidad, Velocidad, Resistencia
		Habilidad motriz	Coordinación, Equilibrio, Agilidad
SEGÚN LA INTENSIDAD. Depende de cada persona y su propia capacidad.	Baja / Media / Alta — Depende del individuo y su condición física		
SEGÚN LA FORMA Y TÉCNICA DEL MOVIMIENTO. Es el aspecto exterior del ejercicio.	a) Acción mecánica		Flexión-extensión / Abducción-aducción / Rotación y Circunducción
	b) Localización anatómica		Articulaciones y grupos musculares
	c) Técnica de aplicación		Posición inicial; Ejecución; Final
	d) Técnica de trabajo		Impulsados; Conducidos; Explosivos
	e) Tipos de movimiento		Activos: libres, ayudados y resistidos / Pasivos: relajados y forzados
	f) Estructura del ejercicio		Analíticos; Sintéticos y Globales
	g) Carácter de los ejercicios		Naturales y Construidos
	h) Tipo de contracción muscular		Isométrica / Isotónica: Concéntrica y Excéntrica

- **Fidelus y Kocjasz**, (1989) hacen una clasificación teniendo en cuenta a **tres parámetros**: zona corporal y dirección del movimiento; posición inicial y carga adicional (si la hay).

La "Biomáquina" de Fidelus es una simplificación del funcionamiento del organismo del ser humano, englobando a los principales órganos y aparatos en tres sistemas: locomotor o de movimiento; dirección y control; alimentación y transporte (Gómez Mora, 2003).

E) Tendencias en el siglo XXI (Cañizares y Carbonero, 2007).

Podemos hablar de **dos** grandes **tendencias** en el ejercicio físico en pleno siglo XXI. Por un lado, el mundo del deporte profesional (**deporte-rendimiento**), basa el ejercicio físico, primordialmente, en la biomecánica y en el vigor orgánico, haciendo una preparación minuciosa ya que está en juego el triunfo y, por tanto, mucho dinero. Aquí podemos incluir también el deporte no de élite, pero que igualmente sigue una sistematización muy estricta. Del mismo modo, podemos encuadrar en esta tendencia a quienes necesitan una excelente condición física para llevar a cabo su profesión: profesionales del ballet, cuerpos de seguridad, etc.

La otra corriente es la **educativa** que, en su concepción moderna, va a rechazar una sistematización rigurosa como la del modelo anterior. Aquí también englobamos a las "corrientes sociales" relacionadas con la **Salud** y **Recreación**. No olvidemos que en la escuela debemos enseñar técnicas y juegos para que el alumnado los realice en su tiempo de ocio y vacacional y que éste resulte saludable.

1.3. ELEMENTOS ESTRUCTURALES DEL MOVIMIENTO.

Para centrarnos en los aspectos estructurales del movimiento debemos remitirnos a las estructuras o **soportes** del cuerpo humano. En conjunto, estructuras, si seguimos a **Bouchard** (citado entre otros por Cañizares y Carbonero, 2007), podemos definirlas como "*la suma del equipamiento biológico de la persona*", es decir, la **totalidad** de tejidos, órganos y sistemas de los que está hecha. En otras palabras, el **sustento biológico** que hace posible el movimiento.

Pero de la globalidad de estas estructuras es posible hacer distinciones en razón a los aspectos distintos que ejercen unas y otras. Así, podemos desglosarlas en tres grandes apartados:

ESTRUCTURAS (Bouchard)		
MORFOLÓGICAS	ORGÁNICAS	PERCEPTIVAS
Huesos (articulaciones) Músculos Grasa	S.cardio-respiratorio S. nervioso S. endocrino S. digestivo S. reproductor	Interopercepción Propiocepción Exterocepción

- **Estructuras** Morfológicas (**Gómez Mora, 2003 y Lloret, 2003**).

    o Estructura **ósea**. Formada por huesos y cartílagos que son los elementos de sostén del organismo, permitiendo la postura y los movimientos corporales. Protege a los órganos más delicados: corazón, cráneo, médula, etc. Las **articulaciones** son las estructuras que unen a los huesos.

    o Estructura **muscular**. Los músculos estriados producen los movimientos voluntarios de los segmentos óseos y la musculatura lisa, inserta en las estructuras de las vísceras, depende de la motilidad automática de los órganos internos.

    o Estructura **adiposa**. Es un tejido conectivo de células generalmente amontonadas, voluminosas, por la presencia de las grasas, separadas en grupos o lóbulos de formaciones fibrosas.

- **Estructuras** Orgánicas (**Gómez Mora, 2003 y Lloret, 2003**).

    o **S. Cardio-Respiratorio**. Destinado a distribuir la sangre por todo el organismo, por lo que nutre, depura los deshechos, etc. La respiración permite el intercambio gaseoso y la producción de energía a través de los fenómenos químicos celulares, junto a las sustancias que forman parte del ambiente externo.

    o **S. Nervioso**. Recoge y elabora los estímulos que provienen del interior y exterior del organismo. Además, elabora y determina las respuestas motrices. También es responsable de las expresiones psíquicas que caracterizan nuestra individualidad.

    o **S. Endocrino**. Regula la función de las glándulas de secreción interna, la influencia de las mismas en el organismo y la terapia producida por su suministro.

- o **S. Digestivo**. Conjunto de órganos que tienen como misión la digestión del alimento, absorber los productos y evacuar los restos.
- o **S. Reproductor**. Encargado de perpetuar la especie transmitiendo todas sus características.

- **Estructuras** Perceptivas **(Rigal, 2006).**

  - o **Interopercepción**. Informa de los procesos internos del organismo, captando las informaciones procedentes de las vísceras. Representan las formas de sensación más difusa y mantienen cierta actividad con los estados emocionales. Por ejemplo, sensación de hambre, sed, etc.
  - o **Propiocepción**. Comunican sensaciones sobre la situación del cuerpo en el espacio y sobre la postura, concretándose en sensaciones kinestésicas y vestibulares.
  - o **Exterocepción**. Es el conocimiento del mundo exterior. Proviene de la decodificación e interpretación de los mensajes procedentes de los receptores exterosensoriales: vista, oído, tacto, gusto y olfato.

2. SISTEMAS DE DESARROLLO DE LA ACTIVIDAD FÍSICA: ANALÍTICOS, NATURALES, RÍTMICOS...

Para la elaboración de la totalidad de este punto seguimos, fundamentalmente, a Marcos (1969), VV. AA. (1985), Langlade (1986), VV. AA. (1989), González (1993), Martín Llaudes (1995), Vicente (1998), Zagalaz (2001), Chinchilla y Zagalaz (2002), Romero Cerezo y Cepero (2002), Fernández García -coord.- (2002), Camacho (2003), Rivadeneyra (2003), Paredes (2003), Rigal (2006), Monroy y Sáez (2008), Calderón y Palao (2009), Torrebadella (2013) y Zagalaz, Cachón y Lara (2014).

*Por **sistemas** de desarrollo de la actividad física entendemos* "un conjunto de normas y principios sobre la práctica de la actividad física. Conforman una serie de corrientes que han existido y que están en la actualidad. Indudablemente pueden surgir otras nueva" *(Martín Llaudes, 1995).* El título del tema incide sobre tres "tradicionales", si bien pone unos **puntos suspensivos** para indicarnos que **existen más**, y a ellos nos referiremos posteriormente.

2.1. SISTEMAS ANALÍTICOS.

Desde el punto de vista mecánico, una estructura analítica implica la movilización de un segmento. Es aquel ejercicio que incide directamente sobre **una articulación** y grupo muscular concreto. Partiendo de esta idea, un sistema analítico es aquel que construye sus ejercicios con respecto a un principio analítico, del que sólo se puede obtener un desarrollo anatómico. En la actualidad, pensar en sistemas puramente analíticos, salvo la gimnasia rehabilitadora y el entrenamiento deportivo, es poco menos que imposible, más aún en la Educación Física escolar. La gimnasia sueca de Per Henrik Ling representa el **máximo exponente** de la gimnasia entendida como sistema analítico.

Se **caracterizan** por:

- El trabajo por **partes**, analítico. Ejercicios construidos, **localizados** sobre una articulación o grupo muscular concreto y, lógicamente, artificiales.
- Entiende que si el trabajo es más global, el esfuerzo es compartido y, por tanto, limitado. De esa manera la amplitud articular es mayor.

- Movimientos rígidos, estáticos y estrictamente **estereotipados**. Realizados sobre tres planos perpendiculares entre sí (trabajo artificial, en contraposición con el natural de Hébert).
- Concepción **dual** de la persona (alma-cuerpo, la gimnasia incide sólo sobre el cuerpo).
- Carácter eminentemente **funcional**. Voces de mando.

2.1.1. GIMNASIA SUECA.

Creada por Pier Henrik Ling (1776-1839) médico, militar y profesor de esgrima, cuyo método se caracteriza por una concepción anatómica, biológica y correctiva de la gimnástica, fundamentada en los dogmas y principios científicos que fueron incorporados por él al sistema educativo (y por extensión a la concepción gimnástica). Su "gimnasia" estaba ideada para contribuir a una educación integral del niño desde el desarrollo anatomofisiológico del sujeto; para preparar al soldado ante la guerra y para desarrollar el sentido estético a través de un fortalecimiento corporal y de la corrección de los defectos físicos. P.H. Ling desarrolló aparatos gimnásticos como la barra fija, las anillas, las escaleras oscilantes o la soga para trepar.

A pesar de estos elementos se cree que la gimnasia sueca es un método muy simple atribuido en parte a la pobreza y aislamiento en que habían vivido los suecos a mediados del siglo XIX.

Otras de sus características se identifican con la no existencia de niveles de ejecución diferenciados, el concepto de competición en las prácticas fue relegado por el de ayuda de los miembros más aventajados en las clases para con los menos dotados y distanciamiento respecto a la necesidad de evaluar las aptitudes individuales o la vistosidad de las ejecuciones, ya que esta concepción gimnástica se aproximó siempre hacia el fomento de la salud colectiva.

Ling dividió la gimnasia en cuatro ramas:

- **Gimnasia Pedagógica**. "*Gracias a la cual el ser humano aprende a dominar su cuerpo*". Pretende crear y conservar la salud evitando las enfermedades. Responde al concepto actual de la "Gimnasia Educativa". Clasifica los ejercicios en dos grandes grupos: movimientos **sin aparatos** y **con aparatos**
- **Gimnasia Médica**. "Empleada contra muchas dolencias y deformidades". Nace a partir de la Pedagógica, pero pronto adquiere un papel predominante llegando incluso, como Ling denunció, a influir demasiado en la escolar.
- **Gimnasia Militar**. Parte de la estructura de la pedagógica, incluyendo ejercicios de tiro, florete, sable y bayoneta.
- **Gimnasia Estética**. Apenas desarrollada por Ling. Se trata de ilustrar, por posiciones y movimientos del cuerpo, las ideas y pensamientos. Incluye la práctica de bailes autóctonos suecos.

Los contenidos originarios de la escuela sueca no fueron desarrollados en España debido a la falta de información por parte de sus seguidores. Lo que se hizo fue adoptar técnicas y ejercicios de su más directo colaborador y continuador, su hijo Hjalmar Ling (1820-1866), quien ordena y sistematiza la obra de su padre, estableciendo una nueva clasificación de ejercicios con un orden fijo que constituyó un esquema de lección con una práctica también predominantemente estática y analítica. Nos estamos refiriendo a las famosas "**Tablas** de Gimnasia", cuyo objetivo principal era conseguir un efecto correctivo que marcaría la gimnasia durante muchos años.

2.1.2. GIMNASIA NEO-SUECA.

A partir de 1900, la evolución del método de P. Ling desemboca en la llamada Gimnasia Neo-Sueca, iniciada por Hjalmar Ling. Se desarrollaron **tres nuevas corrientes** que surgieron por la crítica a la rigidez, lo estereotipado y poca motivación de la Gimnasia Sueca. Buscaron dar un mayor **dinamismo** a la ejecución de los ejercicios.

Los realizadores de la Gimnasia Neo-Sueca son por excelencia Elli Björkstén y Niels Bukh en la gimnasia femenina y masculina respectivamente, Falk y Thulin en la infantil y Lindhard como teórico en la fundamentación fisiológica del ejercicio:

- **Corriente Pedagógica.** Autores: Elli Björkstén; Niels Bukh y Elin Falk, entre otros. Es la más cercana al ambiente educativo.
- **Corriente Científica.** Autor: Johannes Lindhard. Investiga los efectos del ejercicio desde un punto de vista fisiológico.
- **Corriente Ecléctica.** Autor: Josef Thulin. Concilia y unifica las tendencias surgidas en algunos países europeos y resuelve el conflicto suscitado entre el carácter analítico sueco y el carácter natural y deportivo que se venía desarrollando. A este autor se le atribuye la creación de los "cuentos motores" o "cuento-lección" que contribuyeron, sobre todo, al desarrollo de la Educación Física Infantil (VV. AA., 2011).

2.2. SISTEMAS NATURALES.

Los sistemas naturales fueron, desde sus comienzos, más que una línea de gimnasia, un planteamiento y un ofrecimiento de nuevas soluciones para el área general de la Educación Física. Los ejercicios, la concepción de los mismos y el valor de las actividades de base, tienen eminentemente un **carácter pedagógico** y una fundamentación biológica.

Se **caracterizan** por:

- Su trabajo es conforme al niño y a su desarrollo. Concepción integral de la persona.
- Trabaja sobre unidades de movimiento globales (carrera, salto, lanzamiento...), propios de la vida natural.
- El lugar o escenario de sus ejercicios es la naturaleza, utilizando como aparatos los obstáculos naturales.
- Su docencia es natural. Tiene un carácter eminentemente pedagógico.
- El estilo de sus movimientos es natural y su meta es aproximar lo más posible al niño a la naturaleza.

Sus **precursores**, son:

- Rousseau (1712-1778), que con su obra "El Emilio", aspira a que la persona retorne a la vida sencilla y natural al aire libre alejado de las ciudades.
- Pestalozzi (1746-1827). Influido por la lectura de "El Emilio", decidió divulgarla, modificando las ideas de éste acerca de la educación. Recurre a la acción en todas las modalidades y formas, abogando para que todo procedimiento educativo se realice con la máxima simplicidad y naturalidad.

- Amorós (1770-1848), español afrancesado y discípulo de Pestalozzi. Concedía mucha importancia a la puesta en juego de todos los sentidos en el medio natural. Por ello se esforzaba en "hacer sentir" intuitivamente el movimiento.
- Guts-Muths (1759-1839) y otros humanistas. Se le considera el padre de la gimnasia pedagógica. Promociona el ejercicio como favorecedor del crecimiento y trató de sistematizarlo metódicamente.

2.2.1. SISTEMAS NATURALES MÁS IMPORTANTES.

a) **Método Natural** de George Hébert (1875-1957). Nace y muere en Francia. Está influido por Amorós y por las aportaciones **científicas** de Demeny, de los que se considera continuador de su obra, aunque las influencias más antiguas se remontan a las teorías de Rousseau. Agrupa los ejercicios según las actividades físicas que ejercían las personas primitivas:

- Locomoción **normal**: marcha, carrera y salto.
- Locomoción **secundaria**: cuadrupedias, trepas, equilibrio y natación
- **Defensa** o seguridad: armas primitivas y lanzamientos.
- Actividades **industriales** o utilitarias: esfuerzos musculares.
- La **recreación**: danzas, ejercicios de fantasía o acrobáticos.

Basándose en estas características, Hèbert hace su clasificación de ejercicios: marcha, carrera, salto, cuadrupedias, trepas, equilibrios, lanzamientos, natación, etc. La "**lección**" es un recorrido de longitud variable (según edad, nivel de entrenamiento, condiciones atmosféricas...), que se puede efectuar de forma natural (sobre itinerarios a través del campo), en una superficie restringida o "**plateau**" (con material indispensable para cada ejercicio), y en el que los ejercicios siguen, alternativamente, períodos de **intensidad** creciente ("ola") y decreciente ("contra-ola").

b) **Gimnasia Natural Austriaca**. Los creadores de esta modalidad fueron Karl Gaulhofer (1885), Margarette Streicher (1891) y Adalbert Slana (1880). Una cosa es la Gimnasia Natural Austríaca, la "**original**", o "Método Natural Austriaco", y otra cosa es **su evolución** -Gimnasia Natural Escolar Austriaca o Sistema Escolar Austriaco- en la que trabajaron Erwin Mehl, Wolfgang Burger, Josef Recla y Gerhard Schmidt, éste muy conocido en Andalucía por los numerosos cursos impartidos.

Las **partes** en que se divide la sesión de Gimnasia Natural Escolar Austriaca, son, según sus creadores:

GAULHOFER/STREICHER	BURGER/GROLL
1. Ejercicios vivificantes	1.- Animación
2.- Ejercicios de tronco, equilibrio, fuerza, destreza, carrera y marcha.	2.- Escuela de la Postura y del Movimiento.
3.- Ejercicios calmantes.	3.- Performance deportiva y destrezas. Juegos y bailes.
------	4.- Vuelta a la calma.

- *Animación*. Calentamiento físico y psíquico con alegría y muy motivador.
- *Escuela de la postura y del movimiento*. Tiende al fortalecimiento músculo-articular en general, con formas jugadas globales y simples. La organización se hace en pequeños grupos, con materiales variados del gimnasio o de la naturaleza.

- *Performance deportiva y destrezas.* Ejercicios relacionados con el aprendizaje y perfeccionamiento de las habilidades y destrezas específicas de los deportes "naturales": gimnasia deportiva, atletismo y natación, aunque en los últimos años incorporan deportes de sala. *Juegos y Bailes.* Se trata de juegos de "aplicación" a los aprendizajes hechos en la performance, aunque también juegos deportivos. Los bailes son populares, danzas (polkas), etc.

- *Vuelta a la calma.* Relajación física y psíquica, a través de los juegos simples calmantes, sensoriales, etc.

Hoy día es un método muy **actual** y conecta con multitud de aspectos que recoge el D. C. y el **currículo** del Área de Educación Física, como fácilmente hemos podido comprobar... Por ejemplo, el aprendizaje de cualquier habilidad o destreza básica (carrera, cuadrupedia, salto, lanzamiento...), además de mantener los apelativos de "Animación" y "Vuelta a la Calma".

2.3. SISTEMAS RÍTMICOS.

Nacen en las postrimerías del S. XIX y principios del siglo XX, en busca de una nueva concepción de la gimnasia, aunque se sirve de lo hecho y estudiado por los sistemas anteriores. Al hablar de ritmo es lógico que otra de las partes implicadas en este nuevo sistema sea el ballet y la danza moderna, que aportan influencias muy positivas para la aparición de la Gimnasia Moderna.

Se **caracterizan** por:

- El empleo de **aparatos portátiles** y el trabajo unido a una cadencia **rítmica**, con lo que se consiguen movimientos fluidos, totales y rítmicos.

- Los ejercicios deben cumplir los siguientes resultados: mantener la salud y las buenas posturas, desarrollar expresividad y creatividad. Deben ser movimientos totales presentados como única forma de lograr la armonía y la interpretación de la persona como una unidad psicosomática.

Los principales **inspiradores** de la "Gimnasia Moderna", fueron:

- **Jean Noverre** (1727-1809), suizo. Devolvió al bailarín intérprete su condición expresiva porque introduce el factor emotivo humano, con partes mimadas (mímica). Sus dos principales preocupaciones son que el movimiento tiene su razón de ser en la intervención del espíritu y del sentimiento y la utilización de la naturaleza como una fuente de inspiración.

- **François Delsarte** (1811-1871), francés. Sin duda alguna es el mayor inspirador de la Gimnasia Moderna. sobre todo por la interpretación que en Estados Unidos se hace de sus ideas. El sistema proyectado por él analizaba las formas, el equilibrio y los gestos en relación con las emociones. Plantea las Leyes del Movimiento Armonioso (postura, movimiento opuesto y función muscular armoniosa).

2.3.1. EVOLUCIÓN DE LOS SISTEMAS RÍTMICOS.

En su evolución destacamos cuatro tendencias:

a) Gimnasia Rítmica

- **Jacques Dalcroze** (1865-1950), suizo. La Gimnasia Rítmica es un método de educación general "*euritmia*", que se imparte como un solfeo corporal musical que sirve para analizar los defectos y buscar su corrección. Relaciona la enseñanza de la música y el movimiento corporal. Crea un sistema educativo que regulariza las reacciones nerviosas del niño, sus reflejos, la lucha contra sus inhibiciones, etc. Influyó sobre su alumno Rudolf Bode creador de la gimnasia expresiva.

b) Gimnasia Expresiva

- **Isadora Duncan** (1878-1929), americana. Su obra tiene gran influencia en la gimnasia expresiva. Para ella la gimnasia debe ser la base de toda la Educación Física. A continuación, en un nivel más elevado, llega la danza, donde el cuerpo se desarrolla armoniosamente. Sus ideas influyen en la danza, y dan origen al expresionismo alemán y luego a toda la "Escuela Libre". Junto con la rítmica dalcroziana inspira el movimiento de la "Gimnasia Expresiva de Rudolf Von Laban". Lleva a la práctica las ideas de Delsarte y Noverre.

- **Rudolf Von Laban** (1879-1958), checo. El ballet reclamó su mayor atención. Sus principales contribuciones son:
    - La "Danza Libre" como forma educativa.
    - La interpretación de que el movimiento es un arte. Los movimientos "dramáticos".
    - Una metodología práctica aplicada a la enseñanza de la Ed. Física.

- **Mary Wigmann** (1888-1973), alemana. Discípula de Laban, pero aporta como elemento la "intuición creadora", buscando la fascinación y los instintos. Influyó en la formación de bailarines creando su propia escuela, con elementos que van hacia los contrastes, por ejemplo risa-lloro, alegría-tristeza, etc. y con movimientos de tensión-relajación.

- **Rudolf Bode** (1881-1971), alemán. Alumno de Dalcroze, e influenciado por Pestalozzi. Crea la escuela de "Gimnasia Rítmica" para mujeres, en Munich. Dicta los principios fisiológicos y psicológicos de los movimientos elementales: totalidad, cambio de ritmo y armonía.

c) Gimnasia Moderna

- **Heinrich Medau** (1890-1974), alemán. Sus principales aportaciones a la gimnasia han sido la utilización de aparatos portátiles (pelotas, aros, picas.); la postura correcta y técnicas metodológicas (improvisación, ritmo con palmadas y golpeos al suelo, etc.)

- **Hilma Jalkanen** (1889-1964), finlandés. Crea la nueva gimnasia femenina finlandesa. Contribuye con técnicas expresivas, énfasis postural, respiración, y las contracciones isométricas alternadas con relajación.

- **Ernest Idla** (1901), estonio. Tiene influencias de la gimnasia de Ling y de la natural austriaca. Se preocupa por la organización en el trabajo y la utilización de pequeños aparatos, como la pelota o la cuerda a modo de recurso.

d) Los sistemas rítmicos de la actualidad

- A partir de 1960 hay una preocupación por la aplicación de los principios de la gimnasia moderna al campo masculino. Podemos destacar a Alberto Dallo y Otto Hannebuth.

    - **Alberto Dallo**, argentino. Logró en sus trabajos una verdadera expresión masculina del movimiento. Para ello utilizó los recursos didácticos de tensión y explosividad en los gestos, a los que acompaña con gritos, ejercicios con o sin elementos portátiles, etc.
    - **Otto Hanebuth**, alemán. Su innovación más llamativa es la utilización de argollas de hierro. Sus diferencias con Dallo fueron una menor cuota de expresión rítmico-estética; mayor permanencia en lo gimnástico y amplia preocupación por utilizar el espacio.

- **Nuevos sistemas rítmicos**

    - **Gimnasia Jazz**. Podemos definirla como la capacidad de crear movimientos a través del empleo libre del cuerpo, expresando sentimientos apoyándose en el ritmo de una melodía. Favorece la capacidad de creación y expresión, así como todas las capacidades perceptivo-motrices. En 1963 surge en Suecia, de la mano de Mónica Beckman, una gimnasia basada en la música afro y jazz. Este sistema toma auge por la necesidad de utilizar música, como factor educativo, en las clases de educación física.
    - **Danza-Jazz**. Es creada por artistas del musical americano a partir de motivos musicales del jazz. Tiene como objetivo el espectáculo. A diferencia de la Gimnasia-Jazz posee un nivel elevado y necesita de una gran especialización por parte del docente.
    - **Aeróbic**. Es un método de gimnasia, practicado con acompañamiento musical, preferentemente disco-pop, que busca el desarrollo y/o mantenimiento de la forma física general del individuo, en base a ejercicios fundamentales aeróbicos, a través de un esfuerzo de baja o media intensidad (impacto) y larga duración. En el ámbito escolar favorece la mejora de todas las percepciones y de las capacidades coordinativas y equilibradoras, entre otros aspectos. El creador del método fue Kenneth H. Cooper, médico y militar U.S.A., en 1968, quien preconizó las excelencias de la actividad física aeróbica para desarrollar el sistema cardio-vascular, empleando ejercicios basados en el equilibrio entre el aporte y el consumo de oxígeno. Lo popularizó la actriz Jane Fonda, entre otras. En nuestros gimnasios se ha ido creando en los últimos veinte años una gran variedad de corrientes que tienen como denominador común los postulados del Aeróbic. Por ejemplo, step, cardiobox, fit-ball training, latin aerobic, acqua-aeróbic o el programa "Zumba" que fusiona ritmos latinos (salsa, bachata, merengue, reggeaton o samba) con ejercicios de tonificación para producir una coreografía sencilla, son varias de las últimas novedades (Fernández García, 2011). En este mismo sentido surge en 2014 el baile-fitness "**Sh'Bam**". Una modalidad en grupo que se sale de las típicas rutinas y que combina movimientos sencillos de hasta doce estilos diferentes.
    - **Bailes de salón y danza folclórica**. Destacamos ritmos latinos (salsa, merengue, bachata, mambo, tango, cha-cha-cha), bailes de salón, así

como otros estilos (jazz, funky, ballet, polca, vals, flamenco, boggie woogie, etc.). Son muy bien aceptados en las etapas educativas, siempre y cuando profesores y profesoras motiven y se impliquen lo suficiente. Es una de las llamadas "actividades neutras". Las danzas folclóricas (sevillanas, verdiales, etc.) han estado siempre presentes en muchos contextos escolares. Su práctica es de gran valor porque mejora el ritmo, espacio y coordinación, además de otros aspectos relacionales, cooperativos, expresivos, desinhibición, etc. (Otero, 2012). En los últimos años cabe destacar la **Capoeira,** que es un arte marcial-danza brasileño, aunque con raíces africanas, y que empezó a ser practicada por los esclavos. Desarrolla las capacidades coordinativas y las físicas de flexibilidad, fuerza y resistencia, entro otros aspectos.

2.4. SISTEMAS MÁS ACTUALES.

A partir de los últimos años del siglo XX se desarrollan **numerosos** sistemas para el desarrollo de la actividad física. Podemos señalar una serie de motivos que dan lugar a que, de una vez por todas, la actividad física se popularice en nuestro país. Por ejemplo, la política de construcción de instalaciones deportivas emprendidas por las administraciones públicas, que incluyen en muchos casos una piscina climatizada o la celebración de las olimpiadas en Barcelona-1992 y muchos campeonatos europeos o del mundo. También debemos señalar que el área de Educación Física es impartida por docentes especialistas, la creación en numerosos centros de talleres deportivos (actividades extraescolares), la difusión del "binomio" actividad física-salud, el diseño de nuevos materiales que facilitan la práctica desde las primeras edades, campañas publicitarias destinadas al "consumo deportivo", como las carreras populares, marchas en bicicletas (que incluyen en muchas ciudades la construcción de "carriles-bici" y un servicio de alquiler de las mismas a bajo costo), la profusión y especialización de establecimientos comerciales con artículos deportivos, la oferta de gimnasios públicos y privados que incorporan cada temporada nuevos programas para atraer a más usuarios, aunque no nos podemos olvidar de la preocupación de gran parte de la población por hacer una actividad física beneficiosa para su organismo, apoyada en grandes campañas publicitarias donde incluimos portales de Internet y canales de televisión específicos de la actividad física y el deporte.

Cañizares y Carbonero (2007), señalan, entre otros, a los siguientes sistemas aparecidos y/o muy desarrollados en los dos últimos decenios del siglo XX y que siguen vigentes en el XXI.

- **Psicomotriz**. Nace a partir de las investigaciones de Dupré (1913) y otros en neuropsiquiatría y psicología. Su propósito es "*rehabilitar o devolver al cuerpo su valor*". Propone, en un principio, diferentes métodos de trabajo para la mejora de los aprendizajes del niño en la escuela a través de la actividad motriz (Hernández Fernández, 2008). Posteriormente existen varias tendencias, algunas de ellas escolares, como la Psicocinética de Le Boulch, que se populariza en España y países hispanoamericanos como Educación Física de Base y difundida por el profesor Legido (INEF de Madrid). Sus contenidos, tales como el trabajo perceptivo y coordinativo tiene **plena vigencia** en la actualidad.

- **Deportivos**. No constituyen en sí mismos una "escuela" en el ámbito de la Educación Física, sino que son, en cierta medida, los inicios de la actividad deportiva reglada de carácter competitivo. Tienen su inicio en Inglaterra, con T. Arnold. Su característica fundamental radica en el aprovechamiento de la

práctica deportiva como elemento educativo y recreativo. A partir de aquí surgen muchos deportes que son puestos a disposición del escolar. En España, a partir de 1960, tiene importancia el sistema "multideportivo". Pila, a finales de los 70, sistematiza "su método", que es seguido por sus alumnos. Consiste en la enseñanza de varios **deportes individuales y colectivos** (en ocasiones también de **adversario**), para que cada alumno se especialice en el de sus preferencias. Este sistema se apoya en los "Juegos Escolares", verdadera cantera del futuro deportista semi y profesional. En muchas ocasiones la obsesión de "ganar como sea" lo hace anti-educativo. En el curso 2006-07, la C.E.C. de la J. de Andalucía inicia una campaña de promoción deportiva en las escuelas e institutos públicos, que continúa en la actualidad. Mencionamos a la O. de 06/04/2006 por la que se regula la organización y el funcionamiento de los centros docentes públicos autorizados para participar en el programa "El deporte en la escuela". El R. D. 126/2014, art. 10, indica que "*las Administraciones promoverán la práctica diaria de deporte y ejercicio físico por parte de los alumnos y alumnas durante la jornada escolar, en los términos y condiciones que, siguiendo las recomendaciones de los organismos competentes, garanticen un desarrollo adecuado para favorecer una vida activa, saludable y autónoma*".

- **Habilidades y Destrezas**. En los años setenta y principalmente a través de Sánchez Bañuelos (1992), se "importa" el término Habilidad de U.S.A. Este autor sienta los principios para el estudio de las habilidades y destrezas básicas. Se apoya en Kephart, Cratty, Gallahue, etc. Debemos señalar que, además de las básicas, reconocemos a las habilidades perceptivas, que han sido estudiadas por la escuela francesa, y a las genéricas, elaboradas por la belga (A.L.E.F.U.C.L.). Hoy día están presentes en los Diseños Curriculares. Empezó a tener más importancia en la década de los ochenta debido a la "*decadencia de la psicomotricidad ya que estaba constituida por una motricidad desvitalizada, alejada del dinamismo propio de la Educación Física, alejada de los intereses y motivaciones del escolar, ausente de significado por sí misma, acabó siendo sustituida por las habilidades motrices básicas*" (Blázquez, 2001). Se basa en la creación de **patrones motores** y se fundamenta en la utilización eficiente de las **transferencias** con un aprendizaje constructivista. Se trata de dotar al niño de un acervo motor tal que constituya el fundamento a partir del cual pueda, con posterioridad, optimizar al máximo su potencial. Su ordenamiento se hace a partir de la percepción del propio cuerpo, espacio y tiempo. A partir de aquí se construyen las denominadas habilidades y destrezas básicas: desplazamientos, saltos, giros y lanzamientos-recepciones. Estos movimientos, combinados, darán respuesta a cualquier otro por muy complejo que sea.

- **Expresión Corporal**. A partir de 1968, aparece como un término confuso donde se suceden actividades diversas como el **mimo, danza, dramatización** y donde la importancia de la música, ritmo y comunicación a través del movimiento corporal lo son todo. Poco a poco ha ido haciéndose sitio y hoy tiene una importancia muy significativa en nuestro currículo: objetivos del área, bloque de contenido y criterio de evaluación. Con el tiempo se han venido sucediendo numerosas variantes expresivas, como la **performance** es una muestra escénica, muchas veces con un importante factor de improvisación, que busca provocación, estética y asombro; el "**happening**" está basado en la improvisación y suele implicarse al público en la obra, huyendo en muchas ocasiones de una historia estructurada; el "**flashmob**", (destello de multitud). Es una acción organizada en la que un gran grupo de alumnos se citan, normalmente a través de las redes sociales, en un lugar público, para realizar una representación algo inusual y luego se dispersa rápidamente. Su finalidad es entretenerse, pero también puede ser una reivindicación social. El **teatro negro** lo consideramos un nivel superior ya que se trata de una escenificación en un espacio totalmente oscuro y en condiciones lumínicas especiales por usar "luz negra", que resalta ciertos tejidos y materiales. La **coreografía** es la representación de un tema musical usando todos los recursos expresivos posibles, incluidos decorados, música, luces, disfraces, etc.

- **Sistema de los Juegos y Deportes Alternativos**. Se inicia en España en 1988 a través del profesor del I.N.E.F. de Madrid Manuel Hernández Vázquez. *"Surge con la idea de introducir nuevas formas que haga posible una evolución más racional del juego y el deporte, así como una adaptación a los intereses de la sociedad actual"* (Hernández, 1994). Nacen como respuesta a los sistemas gimnásticos y deportivos tradicionales: fútbol, baloncesto, etc. Tienen un enfoque más decidido hacia la recreación (provienen de la corriente "Deportes para Todos") y aprovecha el medio escolar para introducirlo, dado que los recursos materiales alternativos son óptimos como apoyo para la educación y desarrollo de las habilidades motrices. Asimismo obligan a un esfuerzo físico regulable por los propios practicantes. La novedad, motivación, bajo coste económico, etc., hacen que este sistema cada día tenga más adeptos. Además, la industria del ocio y tiempo libre no deja de manufacturar productos nuevos muy atractivos. Como ejemplo señalamos: balones y globos gigantes, zancos, discos voladores, palas y raquetas, conos multifuncionales, sogas gigantes, indiacas y numerosos recursos para piscinas. Por otro lado, algunos docentes "inventan" nuevos juegos que podrían en un futuro ser deportes reconocidos, como ocurre actualmente con el "**Pinfuvote**". Estos juegos son "**neutros**" desde un punto de vista del sexo del practicante y, por tanto, muy educativos. En el último lustro podemos observar cierta tendencia a "rescatar" del olvido móviles relacionados con los juegos **populares** y **tradicionales**: palos del diablo, pelotas de malabares, diábolos, etc. Todo ello hace que la oferta de actividades **saludables** sea más amplia. Prueba de la importancia que este sistema tiene actualmente la encontramos en que es contenido en los Planes de Estudio para la obtención de la titulación en Educación Física, a nivel de Diplomado o Licenciado.

- **Fitness**. Es un término algo confuso que suele englobar a salud, nivel de potencia muscular, resistencia, capacidad y condición física... En cierto modo puede considerarse como una evolución del aeróbic del doctor Cooper. Se inicia hacia los años sesenta del siglo XX y ya en la década de los 90 se entiende como el Fitness Total, donde además de practicar actividad física con todo tipo de máquinas de acondicionamiento, incluidas las tead-mille y los cicloergómetros, implica también un estilo de vida saludable y de bienestar, control médico, etc. Por ello, muchos lo entienden como una actividad física global y favorecedora de la salud, siempre y cuando se haga bien. En los primeros años del siglo XXI se pone de "moda" en método "Pilates", que reúne la filosofía del ejercicio occidental -más dinámico y centrado en la física muscular-, con la oriental, que trabaja el control corporal y la fluidez, basándose en la respiración y la relajación activa. El método busca el alargamiento, la flexibilidad y la tonificación de los grandes grupos musculares, sin olvidar a los pequeños músculos profundos. No podemos dejar de nombrar al sistema "SPA", Salus per Aquam" (Salud por medio del agua) y que retoma las prácticas de los baños romanos de agua caliente o mineral de manantial para curar enfermedades, revitalizarse y relajarse. La propia industria va promocionando nuevos servicios como los masajes, baños de lodos, etc. A finales del siglo XX se ponen de moda los "**entrenadores personales**", es decir, se traslada a la sociedad en general la metodología individualizada que se realiza con atletas. Delgado, Delgado y Tercedor (2008), citan el

"**Movimiento Fitness**" que va desde 1960 a 1980, aproximadamente. De origen anglosajón, se ocupa de conseguir un aumento de la condición física de los escolares estadounidenses, buscando el rendimiento físico. A través de Augusto Pila, entre otros, se proyecta en España en una época que no había aún currículo oficial. Es la época de los test de condición física y sus baremos, etc. Con la publicación de la LOGSE (1990), la llamada "educación física-rendimiento", va dejando paso a la "educación física-salud". También, el **R.D. 126/2014** hace referencia a este término: El abanico de actividades de la propuesta curricular debe reflejar las manifestaciones culturales de la sociedad en la que vivimos, que se manifiesta tanto en nuevas formas de ocio como el turismo activo y las actividades de *fitness* o *wellness*, como en los juegos y deportes, o en las manifestaciones artísticas. El "**crossfitt**" se populariza en 2015, proviene de USA y es un tipo de entrenamiento funcional de alta intensidad con ejercicios muy variados y diseñados a partir de las acciones de la vida diaria.

- **Sistema Recreativo/Educación para el Ocio Saludable**. También conocido como "**Movimiento social hacia la salud**" (Delgado; Delgado y Tercedor, 2008), que surge a partir de los años 80 y que, entendemos, dura hasta la actualidad. Nace un tanto en contraposición al Movimiento Fitness y como consecuencia de las pautas del currículo LOGSE. Hay una preocupación en grandes masas poblacionales hacia la actividad física saludable, no competitiva; hacia la alimentación sana; las actividades deportivas en el tiempo extraescolar, etc. Se busca que el alumnado domine una serie de juegos para hacer en su tiempo de ocio y vacacional y, por tanto, crear **hábitos** y estilos saludables. Un ejemplo de ellos son los juegos populares-tradicionales y los juegos con materiales "alternativos". Está muy presente en la **escuela actual** a través de las CC. CLAVE, los objetivos de Etapa, Área, bloques de contenido, etc. En esta misma línea, podemos encuadrar los programas de ayuntamientos y otros organismos en la organización de eventos regulares (talleres de gimnasia, de juegos populares, "Thai Chi", planes para un "envejecimiento activo y saludable", etc., así como manifestaciones multitudinarias como los "paseos, carreras y rutas populares en bicicletas", fiestas deportivas, etc. (Navarro, 2007). A diario podemos comprobar también cómo cientos de personas realizan estas mismas actividades saludables de forma individual o en pequeños grupos. En Andalucía, a partir de 2008 van tomando cada vez más importancia los paseos en **bicicleta** y **patines** aprovechando la construcción masiva en pueblos y ciudades de carriles-bici. Muchas de estas nuevas vías se acompañan con instalaciones complementarias en parques tales como los "**circuitos biosaludables**", es decir, máquinas de acondicionamiento, como la de los gimnasios, accesibles a mayores para que éstos puedan movilizar sus articulaciones.

Nuestros mayores están muy influenciados hacia la realización de actividades físicas por los mensajes de sus médicos y por la publicidad que sobre la mejora de la salud se hace desde numerosos foros (Calderón, 2012).

En este sentido, podemos destacar un sistema de actividad física que cada vez tiene más adeptos entre nuestro alumnado como es el "**Parkour**" o "el arte del desplazamiento". La entendemos como una filosofía que consiste en desplazarse de un punto a otro lo más eficiente y operativamente posible, usando fundamentalmente las posibilidades y habilidades del cuerpo humano para superar los obstáculos que se presentan en el recorrido, tales como vallas, muros, barandas, paredes, etc., en ambientes urbanos y árboles, rocas, ríos, etc. en ambientes rurales. Hacia 2016 se inicia el concepto de "entrenamiento en suspensión" o **TRX**, que se distingue por realizar ejercicios suspendidos de cintas para desarrollar fuerza, al mismo tiempo que mejora la flexibilidad, equilibrio y estabilidad de la parte central del cuerpo.

- **Otros**. En este apartado englobamos a varios sistemas que están de mucha actualidad y que suelen basarse en la ligazón de turismo y tiempo libre; naturaleza y deportes de riesgo; etc. Por ejemplo, en Andalucía donde el turismo es una de las principales industrias, hoy día no se concibe una instalación turística sin espacios deportivos naturales o artificiales donde los visitantes puedan realizar varios programas de actividades saludables que ocupen su tiempo libre.

2.5. APLICACIÓN DIDÁCTICA DE LOS SISTEMAS DE DESARROLLO DE LA ACTIVIDAD FÍSICA.

Los tres sistemas "tradicionales" tienen aplicación, si bien del analítico podemos afirmar que es "testimonial", salvo ocasiones muy concretas.

a) **Analíticos**. Apenas tienen aplicación salvo actividades relacionadas con el aprendizaje del esquema corporal: ¿de cuántas podemos mover el hombro?; actividades específicas (la tradicional "gimnasia correctiva") con un alumno que padece una minusvalía temporal o permanente; actividades de relajación como son las del "método Jacobson" (tensión-relajación por zona muscular); etc. Si bien podemos destacar, sobre todo en 3º ciclo, actividades relacionadas con la tonificación muscular, no suelen ser habituales, pero sí como acciones a realizar en las estaciones de un circuito de A.F.B. También podemos considerar gestos analíticos determinados aprendizajes de habilidades específicas, aunque no es habitual en la Etapa Primaria.

b) **Naturales**. Todas las actividades relacionadas con las habilidades y destrezas básicas suelen ser naturales o propias de la condición humana: carreras, saltos, giros, lanzamientos, recepciones, desplazamientos varios como cuadrupedias, etc. También podemos relacionarlos con las actividades que realicemos en el medio natural, también conocidas como "**deportes tecno ecológicos**". Por ejemplo iniciación a la escalada y escalada Boulder; taller de espeleología; trekking o senderismo; rutas en bicicleta de montaña; orientación; piragüismo (piragua canadiense); tirolinas, etc. La mayoría tienen relación con el área de Conocimiento del Medio y elementos transversales.

c) **Rítmicos**. Todo lo relacionado con la mayoría de las habilidades expresivas y que conlleven un soporte musical, como coreografías. El aeróbic es un ejemplo habitual, aunque en ocasiones podemos clasificarlo como analítico en función de la propia actividad practicada.

Los sistemas más "**modernos**" están en plena vigencia y hacemos uso de ellos a diario. **Salud, juegos alternativos, actividades en el medio natural, expresión,** etc. están presentes todos los días en nuestras aulas específicas.

CONCLUSIONES

Hemos visto en el Tema una primera parte que trata sobre los conceptos de sistemática, ejercicio físico, sus clasificaciones, autores, etc. Hemos podido comprobar la gran variedad de los mismos y cómo algunos de los más antiguos siguen de plena actualidad, por ejemplo salud, naturaleza...

Después hemos pasado a explicar los sistemas de ejercicio más tradicionales, su evolución y lo que quedan de ellos en la actualidad. Al final hemos estudiado los que en los últimos tiempos están más de novedad, y hemos comprobado la amalgama existente.

También cómo el ejercicio físico es un producto más que se vende y que genera mucha actividad económica. Por ejemplo, el binomio tiempo libre /ejercicio o turismo/ejercicio o salud/ejercicio. Destacar los movimientos sociales para la salud que tienen mucha actividad en pleno siglo XXI. Aquí se constata la importancia que tenemos en el Área de Educación Física para crear hábitos saludables.

BIBLIOGRAFÍA

- AGOSTI, L. (1974). *Gimnasia educativa.* ERISA. Madrid.
- BLÁZQUEZ, D. (2001). *La Educación Física.* INDE. Barcelona.
- CALDERÓN, F. J. (2012). *Fisiología humana. Aplicación a la actividad física.* Panamericana. Madrid.
- CALDERÓN, A. y PALAO, J. M. (2009). *Manual de sistemática del ejercicio.* Diego Marín. Librero-editor. Murcia.
- CAMACHO, H. (2003). *Pedagogía y Didáctica de la Educación Física.* Kinesis. Armenia (Colombia).
- CAÑIZARES, J. Mª y CARBONERO, C. (2007). *Temario de oposiciones de Educación Física para Primaria.* Wanceulen. Sevilla.
- CHINCHILLA, J. L. y ZAGALAZ, M. L. (2002). *Didáctica de la Educación Física.* CCS. Madrid.
- DELGADO, M.; DELGADO, P. y TERCEDOR, P. (2008). *Calidad de vida y desarrollo del conocimiento personal a través de la expresión y comunicación corporal.* En CUÉLLAR, M. J. y FRANCOS, M. C. *Expresión y comunicación corporal.* Wanceulen. Sevilla.
- FERNÁNDEZ GARCÍA, E. -coord.- CECCHINI, J. A. y ZAGALAZ, Mª L. (2002). *Didáctica de la educación física en la educación primaria.* Síntesis. Madrid.
- FERNÁNDEZ GARCÍA, C. (2011). *Actividades rítmicas dirigidas en Educación Física. Aeróbic, Aeróbic Latino y Cardiobox.* Wanceulen. Sevilla.
- FIDELUS, K. (1982). *Atlas de ejercicios físicos* Gymnos. Madrid.
- GIL MADRONA, P. (2003). *Desarrollo psicomotor en Educación Infantil.* Wanceulen. Sevilla.
- GÓMEZ MORA, J. (2003). *Fundamentos biológicos del ejercicio físico.* Wanceulen. Sevilla.
- GONZÁLEZ, M. (1993). *La Educación Física: Fundamentación Teórica y Pedagógica.* En VV.AA. *Fundamentos de Educación Física para Enseñanza Primaria (vol. I).* INDE. Barcelona.
- HERNÁNDEZ VAZQUEZ, J. L. y MANCHÓN, J. L. (1980). *Gimnástica.* UNED.
- HERNÁNDEZ VÁZQUEZ, M. (1994). *Colección Juegos y Deportes Alternativos.* Autoedición. Madrid.
- HERNÁNDEZ FERNÁNDEZ, A. (2008). *Psicomotricidad: Fundamentación teórica y orientaciones prácticas.* Universidad de Cantabria. Santander.
- JUNTA DE ANDALUCÍA (2007). *Ley 17/2007, de 10 de diciembre, de Educación de Andalucía (L. E. A.).* B. O. J. A. nº 252, de 26/12/07.
- JUNTA DE ANDALUCÍA (2006). *Orden de 6 de abril de 2006 de la Consejería de Educación por la que se regula la organización y el funcionamiento de los centros docentes públicos autorizados para participar en el programa "El deporte en la escuela".* BOJA nº 84, de 05/05/2006.
- JUNTA DE ANDALUCÍA (2006). *Orden de 7 de abril de 2006 de la Consejería de Educación por la que se convocan proyectos educativos para participar en el programa "El deporte en la escuela" para el curso escolar 2006-07.* BOJA nº 85, de 08/05/2006.
- LANGLADE, A. y LANGLADE, N. (1986). *Teoría general de la Gimnasia.* Stadium. Buenos Aires.
- LLORET, M. (2003). *Anatomía aplicada a la actividad física y deportiva.* Paidotribo. Barcelona.

- MARCOS, O. (1969). *Pedagogía de la Educación Física*. C.O.E. Madrid.
- MARTÍN LLAUDES, N. (1995) *Sistemática del ejercicio*. F.C.C.A.F.D. Granada.
- M. E. C. (2006). *Ley Orgánica 2/2006, de 3 de mayo, de Educación (L. O. E.)*, modificada por la LOMCE/2013. B. O. E. nº 106, de 04/05/2006.
- M.E.C. (2013). *Ley Orgánica 8/2013, de 9 de diciembre, para la mejora de la calidad educativa*. BOE Nº 295, de 10/12/2013.
- M.E.C. (2015). *R. D. 126/2014, de 28 de febrero, por el que se establece el currículo básico de la Educación Primaria*. B.O.E. nº 52, de 01/03/2014.
- MONROY, A. J. y SÁEZ, G. (2008). *Historia del Deporte*. Wanceulen. Sevilla.
- OTERO, J. (2012). *Tratado de bailes de sociedad. Regionales españoles. especialmente andaluces: con su historia y modo*. Tecnographic S. L. Sevilla.
- PAREDES, J. (2003). *Juego, luego soy*. Wanceulen. Sevilla.
- RIGAL, R. (2006). *Educación motriz y educación psicomotriz en Preescolar y Primaria*. INDE. Barcelona.
- RIVADENEYRA, M. L. -coord.- (2003). *Desarrollo de la motricidad*. Wanceulen. Sevilla.
- ROMERO CEREZO, C y CEPERO, M. (2002). *Bases teóricas para la formación del maestro especialista en educación física*. Grupo Editorial Universitario. Granada.
- SÁNCHEZ BAÑUELOS, F. (1992). *Bases para una didáctica de la Educación Física y el Deporte*. Gymnos.
- TORREBADELLA, X. (2013). *Gimnástica y educación física en la sociedad española de la primera mitad de siglo XIX*. U. de Lleida.
- VICENTE, M. (1988). *Teoría pedagógica de la Actividad Física. Bases epistemológicas*. Gymnos. Madrid.
- VV. AA. (1985). *La Educación Física en las Enseñanzas Medias*. Paidotribo. Barcelona.
- VV.AA. (1989). *Bases para una nueva Educación Física*. CEPID. Zaragoza.
- ZAGALAZ, Mª L. (2001). *Corrientes y Tendencias de la Educación Física*. INDE. Barcelona.
- ZAGALAZ, Mª L.; CACHÓN, J.; LARA, A. (2014). *Fundamentos de la programación de Educación Física en Primaria*. Síntesis. Madrid.

WEBGRAFÍA (Consulta en octubre de 2015).
- http://recursos.cnice.mec.es/edfisica/
- http://www.ite.educacion.es/es/recursos
- http://www.juntadeandalucia.es/averroes/
- http://www.adideandalucia.es

www.ingramcontent.com/pod-product-compliance
Lightning Source LLC
Chambersburg PA
CBHW080256170426
43192CB00014BA/2695